FOUNTAIN HOUSE

Creating Community in Mental Health Practice

**ALAN DOYLE,
JULIUS LANOIL,
AND KENNETH J. DUDEK**

FOUNTAIN HOUSE: Creating Community in Mental Health Practice
by Alan Doyle, Julius Lanoil, and Kenneth Dudek
Copyright © 2013 Alan Doyle, Julius Lanoil, and Kenneth Dudek
Chinese Complex translation copyright © (year)
by Eden Social Welfare Foundation
Published by arrangement with Columbia University Press
through Bardon-Chinese Media Agency
博達著作權代理有限公司
ALL RIGHTS RESERVED

活泉之家

在心理健康實踐中創造社群

ALAN DOYLE,

JULIUS LANOIL,

AND KENNETH J. DUDEK　著

葉湧恩、胡慶儒、李小薰、吳希君、余尚彥、林彥良、
林祥宇、洪山力、袁朝樑、楊秉儒、劉俊緯——譯

本書由財團法人伊甸社會福利基金會與巨流圖書有限公司

合作出版

這本書獻給

John Henderson Beard (1923–1982)

他的獨道見解和堅定決心

創建了活泉之家

並為所有受精神疾病所苦的人

帶來了復元的希望

This book is dedicated to the memory of
John Henderson Beard (1923-1982),
whose unique insight and fierce determination
created Fountain House and its hope for recovery
for anyone afflicted with mental illness.

目　錄

推薦序

　　群在，故我在 / 王增勇　001

　　這正是復元工作者必修的經典書籍 / 徐淑婷　005

　　重塑「關係」、啟動「復元」

　　台灣精神健康體制的改革與社會實踐 / 張朝翔　011

伊甸基金會　序言　015

前　言　019

導　論　023

第一部　工作社群

第 1 章　從「活動團體治療」中得到的洞見　045

第 2 章　再造活泉之家　069

第 3 章　工作社群的核心原則　095

第二部　社會實踐

第 4 章　定義社會實踐　127

第 5 章　轉化性設計　139

第 6 章　動機教練　171

第 7 章　關係中的議題　193

後記：社群中的復元場所　207

致　謝　223

年　表　227

術語表　231

備　註　235

參考文獻　245

推薦序
群在，故我在
王增勇 / 政大社工所教授

我 1989 年在美國紐約哥倫比亞大學攻讀社工碩士時，進入活泉之家實習，我的實習計畫之一就是把活泉之家介紹給台灣，當時我為 Mark Glickman 所拍攝的自傳紀錄片 *We are Not Alone* 進行中文配音，並邀請當時到紐約開會的台灣社政官員參訪。實習結束了，但引介活泉之家到台灣的行動持續至今。從 1990 年我第一次在台北市立療養院介紹活泉之家，至今 35 年，活泉之家從紐約到台灣，從理念到落實成為日常工作的實踐，從伊甸的活泉之家、北市康的慈芳、到台北市政府的身障資源中心、再到中央衛福部的社安網協作模式，引介活泉之家已經不只是翻譯，更是跨地的文化轉譯，將紐約會所的理念在台灣醫療主導的精神照顧體制中，轉譯成為對台灣在地行動者有意義的理解，更重要的是指向未來。這個過程，會所已經成為一個社群，召喚了許多對精神社區復健有熱情的助人者、家屬、以及病人本身。

這個轉譯過程是閱讀、理解、行動與反思的循環，台灣的工作者最常問的就是「這樣是會所嗎？」、「這樣符合會所準則嗎？」當發生在地情況與準則衝突時，工作者會問「一定要按照準則作嗎？不能因地制宜嗎？」這些思辯一直存在台灣的工作者，我非常珍惜這些思辯，因為這些思辯來自於行動者在實踐中的反思，更重要的是透過這些思辯，會所正在地化成為台灣的會所。這些思辯過程中，我們需要不斷去理解會所的起源，這不是把西方的會所經驗視為權威，而是確保我們的思辯是基於充分的理解。過去，我們非常依賴國際會所準則，以及國際會所網站中所蒐集的經驗性文章，對於會所整體組織哲學、核心理念、以及發展緣起，其實我們的理解十分片段。因此，伊甸基金會所翻譯的這本由 Alan Doyle、Julius Lanoil、Kenneth Dudek 三位紐約活泉之家的工作者所合著的書，是非常及時的。

台灣的會所發展在社安網第二期被納入，以協作模式的計畫名稱，預計在四年內設立 49 處。這樣的急速發展讓會所的相關知識成為迫切的需要，這本書將成為認識會所的入門書籍，讓投入協作模式計畫推動的決策者、管理者、基層助人者、以及會員都有機會完整地認識會所。

這本書包括以下幾個重點，是我認為在會所納入社安網時，需

要被認知的：

第一，會所是源於 20 世紀初的睦鄰之家，因此會所是以社區工作為雛形，而非個案工作，強調人與人彼此的互助與連結所形成的生命共同體。這是會所納入社安網後，政府決策者必須要清楚認識的前提。

第二，會所重新塑造組織關係，透過任務團體為方法，相信每個人都有「被需要的需要」，因此提供會員參與的機會；而會員具有「選擇」的權利，參與必須基於自願；而職員與會員以肩並肩的伙伴關係進行每日工作。透過一起生活，會所成為社群，會員在社群中找到歸屬，為他人付出中也找到自己存在的價值。在會所，每個人都可以有貢獻。因此，會員不會是社安網所定義的精神障礙者、脆弱家庭、加害者、成癮者，而被視為問題。

第三，助人不是靠社工個人的努力，而是透過組織的轉化性設計，創造有利於復元的組織文化，並在日常工作中，成為彼此的學習。因此，會所有意打破助人者與受助者的區隔，職員會帶著會員一起工作，用團體的力量一起支持會員。社安網期待的「一個都不漏接」，是要社工以個人力量接住所有案主，但會所是要社工帶領社群一起接住彼此。

期望這本書可以成為台灣會所在地化歷程中，促進對話的觸媒。

推薦序
這正是復元工作者必修的經典書籍
徐淑婷 / 高雄市立凱旋醫院社區精神科醫師

> 光吞藥並不能製造出復元（Swallowing pills does not make recovery…）
> 空空的容器也不會長出復元（You can't organize recovery around a vacuum）
> 生活裡什麼都沒有，更不會有什麼復元（You can't organize recovery around nothingness）
> 　　　　　　　　復元的思覺失調症心理學家 Pat Deegan

活泉之家的奠基者 John Beard，早在這段話出現前的四、五十年，就洞見了這個事實：精神病友要活得出人味，才不會老是當病人。要用康復者之姿現身，就不能單靠藥丸。

「藥丸不會說『謝謝你』。」
「藥丸不會邀請患有精神疾病的人，去擔任社會中富生產力和被珍視的成員。」
　　　　　　　　　　　　　　　　　　本書，頁 161

會所，精神復健工作者的必訪之地

　　位在波士頓市中心的「中心會所」（Center Club）是當年讀博士班時，指導教授開出的第一個必拜訪之地。她說是因為會所是最有效益的精神復健服務。打了幾通電話，抄下聽到的咕咕噥噥的地址和交通資訊。拜訪的那天已經是深秋，從地鐵站走出來幾分鐘就到了，寒冷的空氣瞬間就被屋內繁忙的氣氛融化掉了。一整層約五六十坪的開放空間，有一群人正在廚房區準備午餐，笑鬧之聲不絕於耳。吃飯的餐桌區卻空蕩蕩，一個大鬍子看我像是外來的闖入者，怕我生疏，用被藥物副作用影響的聲音語調很吃力卻友善地努力和我聊天。

　　一整天就這樣地被邀請著聊天、吃飯、參與工作教練帶領的尋找報上職缺的團體。回家前，會所負責人問我，印象最深刻的是什麼？「每個人都被歡迎，每一件事都期待你參與」的氛圍，我回答。後來有機會去會所旗艦店「活泉之家」參訪，一進門就像五星級的旅館的 check-in，總是有帶著微笑的人招呼每個進來的人。英文講不好也沒關係，怕怕的也沒關係；怪怪的，當然也是沒關係。在活泉之家的 50 週年紀錄片《西 47 街》（*West 47th Street*）就描述了四段和活泉之家生命交錯的故事，其中一位還是跨性別的男性精神病

友,同樣自在地以女性裝扮參與活泉之家活動。

但,是什麼樣精巧的設計,能夠讓會所有屹立不衰,成為精神復健中的經典呢?一直到讀了這本書,才豁然開朗。

《活泉之家》,從事復元工作者的必讀之書

本書不僅回顧了活泉之家的歷史,更深入探討了背後的理念、實踐及其對復元運動的深遠影響。活泉之家的核心理念在於「被需要的需要」,這一原則強調每個人都有情感上被需要的渴望。根植於這個理念而設計的 work-ordered day(本書沿用台灣會所的通譯「工作日」),創造支持性的社群環境,提供會員可以從事對會所有意義的任務的機會,通常是餐飲、統計研究與文書出版等三項領域的任務,強調會員可以自由選擇,藉由練習選擇與完成會所必要的任務中,成為社群的積極參與者。進而藉由交叉設計的部門內日常工作、部門間交流與休閒娛樂等活動,以社群支持和社會融合為基礎的會所可以繼續為康復者提供了全新的路徑,而不只是一個服務機構。這種設計體現了以優勢為基礎、充權導向的復元理念。

只要是有志從事復元的工作者,也將會從閱讀本書的第二部分,得到實務工作的啟發。第二部分深入探討了社會實踐的具體方

法,這對於從事復元工作的專業人員來說極為重要。這部分介紹了兩個關鍵概念:轉化性設計和動機教練。轉化性設計強調如何將工作社群的環境轉化為充滿參與和貢獻機會的場所,讓康復者能夠從事有意義的工作。動機教練則著重於工作人員如何與康復者建立一對一的關係,以增強回饋的影響力、消除參與障礙,並鼓勵康復者承擔風險。這兩個概念為復元工作提供了具體的實踐框架,幫助專業人員更有效地支持康復者的復元歷程。

此外,第二部分還詳細討論了在實踐過程中可能遇到的挑戰和解決方案,如維持專業界限、避免有害依賴等。這些內容對於復元工作者來說尤為寶貴,因為它們提供了處理複雜人際關係的實用指導。復元工作者可以學習這些方法和技巧,平衡專業關係和個人關懷,創造一個既支持性又充權的環境。這部分的內容不僅提供了理論基礎,更重要的是提供了可以直接應用於日常工作中的實踐策略,使復元支持工作更加有效和有意義。

帶著本書走在復元必經之路

《活泉之家》這本書不僅是一個成功模式的記錄,更是對精神復健領域的深刻反思和展望。它讓我們知道,真正有效的復元不僅

僅依賴於藥物治療或單一的專業介入，而是需要一個充滿希望、支持、和機會的社群環境。活泉之家與眾多會所的經驗告訴我們，當我們將康復者視為有能力、有價值的社群成員，而不僅僅是被動的治療對象時，奇蹟就會發生。透過精心設計的工作日、轉化性設計和動機教練等方法，活泉之家創造了一個讓復元真正發生的場所。

對於所有從事復元的工作者，或是精神復健工作的專業人員來說，本書提供了寶貴的實務指南。它不僅闡明了理論基礎，更重要的是提供了可以直接應用於日常工作，創造一個既支持性又充權的環境的具體策略。

讓我們以這本書為起點，為復元導向的社區支持服務的未來共同努力，開闢新的道路。因為，正如活泉之家所證明的，當我們相信並付諸行動時，復元就不再是遙不可及的夢想，而是每一個人都可以實現的現實。

推薦序
重塑「關係」、啟動「復元」
台灣精神健康體制的改革與社會實踐

張朝翔/中華民國康復之友聯盟秘書長

失去復元的場所，源於人心的機構化影響，
深刻影響了台灣的整個精神健康體系

閱讀紐約活泉之家的創立歷史與理念時，我才理解到，Beard 透過在醫院的 AGT（活動團體治療）經驗，洞察出「正常化」如何創造出一個社群，透過關係將病人從孤獨的內心世界中帶出來，發掘其優勢，並在活動中發展「剩餘的自我力量」，從而看見復元的潛能。這一發展過程也正是台灣精神復健體系現今亟需改革的例子，令我深有共鳴。曾在精神醫療體系工作十年的我，親眼見證了台灣精神復健模式中對待「病人」的方式，這如同 Beard 在 N-206 病房中目睹的不平等現象。我們將病人視為需要「管理」和「限制」的對象，病人與治療師之間形成了階層式的關係，權力的不平等不斷強化著「病人」的身分，個人的「剩餘自我力量」、作為人的角色、

尊嚴與渴望都被推向內心最深處，被疾病的外殼層層包裹。在這樣的體制下，這種「病人」的外殼只會不斷被加厚。

Beard 因著 AGT 經驗的成功，創建了活泉之家，並推動會所模式，作為一種社會改革的實踐起點。而我對精神健康體系應進行改革的想法，啟蒙自推動復康足球運動的經驗。在球場上，我與隊友們為共同的目標「進球」和「守住球門」並肩作戰，隊友們彼此平等，互相承擔責任。透過彼此的協作與信任，球場上每個人都被需要，並能發揮自己的優勢與力量。這樣的夥伴關係超越了球場，延伸到生活中。我與康復者的關係從治療師與病人的身分轉變為平等的互動，彼此分享生活中的點滴，在球隊中找到了歸屬感，並共同在社區中創造更多的可能與故事。

這段經歷讓我反思，台灣的精神健康體系依然面臨著巨大的挑戰。儘管過去 30 年來社區精神復健蓬勃發展，但我們對精神疾病的觀念、方法和方案設計並沒有取得實質的進展。康盟在協助各地推動多元社區方案，如社區居住、協作模式服務據點、自立生活方案等過程中，我們發現，真正限制體系發展的，不是外在資源的匱乏，而是專業人員與政策推動者內心深處的污名和陳舊的思維。這種「機構在人心」的現象，正是無法實現書中所提「社群中復元場所」的最大阻礙。

台灣的精神健康工作者應有勇氣進行「社會實踐與改革」，將「轉化性設計」的精神融入台灣精神健康體系的每個層面

如同活泉之家運用社會實踐與社會正義的精神，成為復元與優勢模式的先驅，改變了 1960 年代美國對心理健康議題的看法，進而引發 1980 年代的復元運動及精神復健體系的改革。這本書的標題「在心理健康實踐中創造社群」正揭示了推動會所精神的核心意涵，書中詳盡的脈絡與解析，值得我們深入研究與實踐。

我希望這本書的經驗與智慧能為台灣的精神健康體系注入一股核心力量，讓各地投入會所模式與協作模式的夥伴們能運用這些理念，推動「社會實踐」精神的落地實現。當我們將「轉化性設計」應用到精神健康體系的不同層面時，我們將看到人的尊嚴與渴望，同儕的力量會被看見，「社群中的復元場所」將在各地生根發芽。屆時，這種轉化性設計的精神將推動精神健康體系進行「復元典範的轉移」，精神康復者屆時將與政策制定者和各領域工作者共同繪製「復元支持體系」的藍圖。

願這本書的精神在我們心中播下希望的種子，共同為台灣的精神健康體系改革與社會實踐努力。

伊甸基金會　序言

自 1995 年《殘障福利法》（現為《身心障礙者權益保障法》）修法，慢性精神病患者列入法定服務對象後，伊甸基金會（以下簡稱本會）開始思考如何回應社區中精神障礙者的需要並提供自立生活的支持，故透過文獻的探討及諮詢專家學者的意見，於 2004 年 4 月 9 日成立「財團法人伊甸社會福利基金會附設臺北市私立活泉之家」，嘗試發展來自美國紐約的會所模式（Clubhouse Model）。

2012 年，因著前台北市政府社會局黃清高副局長、政治大學王增勇教授及台北市心生活協會、台北市康復之友協會等民間社群夥伴的積極推動，促成台北市政府與民間團體公私協力推動「精神障礙者會所——真福之家試辦案」（以下簡稱精障會所，稱呼台灣的實踐），由本會參與經營迄今。此模式源自於國外的經驗，本會在實踐

此模式的過程中，除了參與國際會所的培訓課程及接受國際會所認證外，也會持續翻譯會所相關研究文獻及召集讀書會來共學。

本會從實踐經驗中發現持續閱讀會所相關文獻，並與會所夥伴們共學討論的重要性，故於 2017 年起號召會員們一起翻譯此書，同時獲得具備翻譯能力且對此領域有意願投入的志工——葉湧恩醫師的協助。初步翻譯完成後，於 2018 年開始內部共學討論，但因為僅限內部封閉式的分享，翻譯的品質停留在看得懂但不太流暢的程度。

台灣自 2021 年起，中央政府參考會所模式之精神，積極推動全台布建具夥伴關係的協作模式據點；與此同時會所模式也被世界衛生組織列為社區心理健康服務的重要方法之一。本會也積極參與中央計畫的推動中，陸續在金門、嘉義、新北、台中、宜蘭、高雄、屏東、基隆、台南等縣市承接協作據點發展精障會所。隨著眾多民間團體投入其中，對會所模式也產生了更多在地化實踐的疑問及思辨，本會期許能藉由本書的出版來推廣會所模式及提供有需要的團體在實踐上的參考。

故本會於 2023 年起，邀請郝天行女士進行專業潤稿，楊志賢醫師協助專家審稿，王增勇教授、徐淑婷醫師及張朝翔秘書長應邀撰序。能順利產出這本富含歷史發展、實踐經驗與生命厚度的會所指

南，要感謝各界人士的支持，期待本書的出版能為現階段台灣精神社區服務注入更多的養分，並因著會所模式的實踐能協助、陪伴精神障礙者「有機會用自己的方式，生活在社會上，並且不孤單」。

財團法人伊甸社會福利基金會

前　言

　　這本關於活泉之家（Fountain House）的起源與立場的書，很可能成為經典。它闡明了心理健康照護和倡議中一個主要行動背後的驅動理念。雖然主要聚焦於紐約市的始祖活泉之家，但它描繪了現在已經成為全球運動的起源。我預計這本書將會被廣泛地閱讀及討論，它能夠（也應該）對心理健康的未來發展產生重大的影響。

　　這本書的其中一個顯著的特點，是作者們能夠用清晰且引人入勝的語言來表達深刻的思想。他們的寫作提供給廣大讀者容易理解及豐富知識的內容。這本書同時具有學術價值，對於那些對消費者及倡議運動和心理健康照護歷史感興趣的人來說，這將是必讀之作。這本書的素材很新穎，因為活泉之家的故事以前從未與其背後思想的演變一起被講述過。它起源於紐約在20世紀初為了貧窮者與移民者所建立的睦鄰之家，這一點將讓許多人感到驚訝。

當我在閱讀這本書時，我發現特別引人入勝的一點是，即便是早期活泉之家建立的基本原則，也能被如此清晰地提煉出來。這種清晰性由「被需要的需要」這一原則體現出來。正如書中解釋的，活泉之家的一個基本前提是我們所有人都有「被需要的需要」，這是人人都能理解的原則。這句話的簡單性不應讓人誤以為這個概念是顯而易見或容易應用的。這絕對不是顯而易見的，因為我們通常遇到的心理健康服務，也並未使用這些前提來指導其實踐。事實上，當活泉之家的創始人採用這一個前提，作為建立促進精神病人復元環境的基礎時，代表了一種深刻的洞見。書中詳細闡述了有效應用這項原則所需的毅力，而這一點是透過建立「工作社群」來實現的。

強調這點的一個原因是，若要促成社區心理健康照護的持續改革，需要立基於簡單易懂的前提來制定策略。這些前提不僅需要被倡議者或實務工作者的理解，同時要能夠被使用者、非正式的照顧者（informal caregivers）、服務提供者、社群團體、政府機關和其他不是主要關注心理健康的相關利益方（constituencies）理解。從全球觀點來看，必須假設某些群體只有基本的或完全沒有讀寫能力，至少能持續性地需要這些群體不會破壞改革運動，而最好是能夠成為積極的支持者。社區心理健康的歷史充滿了最初發展良好但尚未被廣泛採用或持續的做法。其中一個重要原因之一，是這些做法的基本理論往往沒有得到廣泛理解，也並未以所有人類需要和理解的東

西來闡述。另一個原因是，是這些做法沒有充分在截然不同的背景中使用與適應過。可持續性和有意義的具體做法調整，都取決於容易傳播的基本思想作為起點。

我相信這本書對任何國家在心理健康議題上感興趣的人，都會很有幫助。事實上，活泉之家的基本原則，在現今的低收入和中等收入的國家特別具有意義。這本書在這些國家的實際接受程度，將取決於是否能認識到活泉之家的基本前提可以適應於多種截然不同的背景。然而，本書將這些前提提煉成普遍可以理解的原則，創造了能夠被接受與適應的可能性。

EZRA S. SUSSER[*]

---

[*] 譯註：EZRA S. SUSSER 為哥倫比亞大學醫學及公共衛生博士，擔任精神疾病流行病學培訓計畫的主持人。

導　　論

　　活泉之家（*Fountain House*）展現了這個時代的精神復元理念。大多數人對活泉之家的瞭解，是認為這是患有精神疾病的人所待的地方，位於紐約市西 47 街歷史悠久的地獄廚房（Hell's Kitchen）附近。他們知道活泉之家是在 1948 年由一群前病人及他們富有的贊助者所創立，希望出院後能幫助彼此重新進入社會。他們或許也知道 John Beard 的形成性影響——致力活泉之家的早期設計和發展超過 25 年。然而，大多數人並不知道，活泉之家並非只是一項和會員一起得到復元的經營努力。活泉之家是一套理念，結合了「**社群**」這個人性中極具說服力的理想，以及作為一種處遇方法的「**社會實踐**」，激發了全世界數百個會所的仿效。

　　有些人會認為，活泉之家雖然在過去是先驅，為患有精神疾病的人而創，而現在看來卻是陳舊和過時的方法（Whitely, Strickler, &

Drake, 2011）。他們聲稱它在心理健康政策和實踐中，已經不再能呼應當代重要的復元概念（這正是本書欲挑戰的主張）。復元典範（Anthony, 1993; Hoga, 1994; Whitley & Drake, 2010）為那些患有——曾經被認為是慢性和逐漸虛弱的疾病的人提供了復元的希望。復元典範肯定了他們可以在社會中過上活躍、富生產力和融入社會的生活，主張患有嚴重精神疾病的人有權自我決定和掌握他們的治療。因此，任何關於改善心理健康服務的大規模公共政策討論，都必須將心理健康服務的消費者納入為自身復元的積極參與者，能夠使用具體證據來證明個人充權和社會融入的結果（因此，需呼籲以實證為基礎的實踐）。

事實上，正如我們即將描述的那樣，在 1990 年代被更廣泛的社會大眾認可之前，活泉之家早在幾十年前，就已經認為上述的想法和實踐對患有精神疾病的人的復元與社會融入，乃是至關重要的。早在這些想法成為復健的公認實作方法之前，活泉之家就已經為患有精神疾病的人標出了如何就業和居住的基本座標，以及其他當前心理健康實踐的方法（Sowbel & Starnes, 2006）。經過幾十年的反思性試驗和錯誤，活泉之家已經打造了一個穩健的模式，該模式在 2011 年被美國藥物濫用暨心理健康服務署（SAMHSA）認可是可複製的方法，並被列入國家實證計畫和實作登錄（http://www.nrepp.

samhsa.gov/viewIntervention.aspx?id=I89）*。[1] 在活泉之家，我們闡明如何將希望、充權、實證成效和社會融入的價值觀實踐出來，以及我們對工作社群的想法，如何能直接向當今破碎的心理健康系統所需要的部分提出對話。

去機構化和復元

　　我們認為，目前美國的心理健康服務體系需要修補。我們每天都在會員的生活中親眼見證到，他們並沒有足夠的社區支持服務，只能靠自己。在這種情況下，許多受嚴重精神疾病所苦的人往往會退縮。以前的病人在家中與家人相處時間太長，總獨自在一個房間裡生活，或被困在牢房裡。實際上，對於受精神疾病所苦的人來說，社會隔離已成為一種非常普遍的經歷。雖然這個群體現在生活在社會中，而不在療養院所，但他們大多數時候仍未成為這個社會中活躍的一群人。

　　我們也不是唯一有此見解的人。《精神病學服務期刊》（*Psychiatric Service Journal*）的編輯們在 2012 年 5 月的刊物中，全篇用來檢視患有精神疾病的人的社會融入。他們的結論是，雖然情

---

* 譯註：翻譯此書時，網址已失效。

況看似有進步，但整體而言此問題的進展仍遲滯且令人失望。難以想像的是，一旦離開醫院，社會總拒絕給予病人所需的復健服務，以支持他們回歸社會。然而，對於為精神疾病所苦的人來說，這就是每天發生的事情。雖然在需要住院的危機事件方面，美國聯邦醫療補助提供充足的資金來解決，但大多數人並未接受任何形式的後續復健治療。精神病人大部分都沒有接受初級健康照護服務，他們的死亡時間比一般人平均早 25 年（Parks et al., 2006）。自殺每年都會奪去大量患有嚴重精神疾病的人的生命。根據 2006 年 10 月 9 日世界衛生組織的新聞稿，90％ 的自殺都與精神障礙有關。總統新自由心理健康委員會（President's New Freedom Commission on Mental Health）主席 Micheal Hogan（2002）對美國心理健康服務提供系統的結論是「百廢待舉」。在他的臨時報告中，他描述該系統如此破碎，以至於它漏接太多人：

> 我們發現該系統需要進行大規模的改革，因為它無法提供和資助有效的治療——例如藥物治療、心理治療和其他服務；這些治療已花了數十年發展。這些服務的責任分散在各機構、計畫和政府層級。有這麼多的計畫在這些不同的規則下運作，家屬和服務使用者往往無法找到他們迫切需要的照護。無數技術熟練且有心的專業人士，他們的努力

因破碎的系統而受挫。結果，太多美國人受不必要的障礙所苦，數百萬美元徒然耗用在一個功能失調的服務系統中，而這種服務系統無法將有效的治療方法提供給需要的人。(該報告第一頁)

令人失望的是，早在幾十年前就已有類似的公眾輿論表達上述的擔憂，美國審計局（1977）的報告中顯示，患有嚴重精神疾病的人在沒有健全的服務支持他們重新進入社會的情況下，就被安排出院、回歸社區。我們認為，作為心理健康實踐的**社群**，活泉之家在心理健康政策難題中，正如拼圖所缺失的一塊，這個缺失阻礙了社會中患有嚴重精神疾病的人的功能恢復。

失去復元的場所

在社會中建立一個可供復元利基（niche）的**場所**，在心理健康實踐上並非新觀念。這是19世紀療養院所背後的最初想法。病人從擁擠的城市地區被帶走，這些地區被認為是他們疾病的肇因，所以他們被送往寧靜的鄉村避難。然而，這些療養院所逐漸演變為州立精神病院系統，該系統到了20世紀40年代後期，雖然能夠為有嚴重精神疾病的人提供全面的醫療和社會照護，卻變得過度擁擠、資

金不足，幾乎沒有反映出道德治療（moral treatment）[2]的人道和治療取徑，失去這些機構最初建立的初衷。隨著精神藥物的引入、社區心理健康中心法案（Pub. L. 88–I64）於1963年10月3日通過，以及隨後的去機構化浪潮，[3]為患有精神疾病的人在照護和治療方面開闢了新的篇章。在美國，超過50萬有嚴重精神疾病的人，從完全在機構中生活轉移到社區（Grob, 1994）。精神疾病不再被認為是慢性、逐漸惡化的疾病，現在精神疾病的復元被認為指日可待。

儘管取消這些官僚主義的噩夢是正確的，但如果不用足夠的資源取代它們，來幫助精神病人在社區中生活，也同樣充滿謬誤。去機構化是在沒有足夠的社會支持下實施的，無家可歸、失業和毒癮等同時發生的情況對精神病人生活的衝擊，亦乏人理解。 Klein（2006, p. 35）報告的統計數據令人震驚：

- 大約35%的無家者受到精神疾病所苦。
- 住院病床的關閉導致照護從醫院轉移到其它無法提供有效服務的機構。
- 美國監獄目前容納受嚴重精神疾病所苦的人數比其它公共機構多。
- 長期看來，出院計畫未能有效減少再入院的機會。

而作為復元成功最終衡量標準——就業，仍然難以企及。有嚴重精神疾病的成年人，在獲得和持續就業方面，面臨許多挑戰。正如總

統新自由委員會的就業和收入支持小組（2003）所總結的那樣，嚴重精神疾病的人，是所有障礙族群中失業率最高的；不到五分之一的人就業。儘管調查顯示，大多數嚴重精神疾病的人想要工作，而且許多人在幫助下可正常就業，但他們仍然失業。這種生產力和人類潛力的喪失，對社會來說代價高昂，充滿令人痛心的徒勞。

　　心理健康服務的公共資金也不支持社會復元的目標。五十年前，大多數心理健康資金支持州立精神病院系統。這些醫院大部分已關閉。取而代之的是在綜合醫院中出現的精神科部門，專注於急症照護，而在出院時僅提供有限的社區支持服務。例如紐約州目前大部分心理健康預算用於支付綜合醫院中的住院病床，這些病床保留給嚴重精神疾病的人的精神和醫療服務。關閉精神病院所節省資金中，只有一小部分用來維持以社區為基礎的心理健康復元方案。

　　與此同時，為了節省成本，各州已將其心理健康支出轉移到美國聯邦醫療補助（Medicaid）支付的聯邦補償金。顯然，這種轉變的原因，是這樣各州只需支付部分費用之故。（例如，紐約州支付50％，聯邦政府支付50％的費用。）諷刺的是，雖然美國聯邦醫療補助行為醫療照護（behavioral health care）的費用仍然失控地節節升高，聯邦法規卻嚴格限制社會服務方案和社區支持計畫的資金，[4]然這些服務原本可以幫助有嚴重精神疾病的人在社會中生存。即使我們認為涉及就業、居住和教育的社會支持是個人復元的關鍵，就

算根據復健方案，聯邦醫療補助的法條也限制了教育或就業相關的活動。總而言之，當前的心理健康公共資金已經形成了一個功能失調的系統，其中美國聯邦醫療補助資助的精神醫療服務成本越來越高，而能夠降低前項成本的社會支持服務卻越來越少。政府誇口聲稱復元需在社區中發生，但聯邦資金卻主要在促進醫院的醫療服務，把醫療模式當成精神社區支持計畫的主要介入措施，實為矛盾。

新的管理式醫療浪潮也無法終止這種資金系統的脫節。政府管理的照護旨在控制美國聯邦醫療補助和聯邦醫療保險（Medicare）的費用，僅支付醫療服務。只要大部分心理健康服務資金通過美國聯邦醫療補助和聯邦醫療保險分配，重點被放在醫療模式上，社區支持和復元服務將會繼續消失。儘管推行了結合精神醫學、一般醫療和社區支持復元服務的平行政策，以解決有嚴重精神疾病的人的高額醫療費用，但這種情況仍正在發生。[5] 最後，由於各州和聯邦政府為了省錢而減少聯邦醫療保險支付範圍，因此沒有州或聯邦替代資金用於新興的復元或社區支持服務。

在我們看來，這整個時代的真正悲劇，是州政府放棄了他們的角色，沒有提供社區支持服務以幫助那些病情最嚴重的人。各州沒有重新分配因關閉州立精神病院後，轉給聯邦政府所節省的心理健康費用。實際上，各州已經放棄了他們提供心理健康照護的責任，並且在削減公共服務成本的壓力下，繼續減少社區支持和患有嚴重

精神疾病的人復元所需的資金。

因此，儘管幾十年前人們已經接受了「有精神疾病的人能夠生活在社區中」的觀點，但社會未能提供所需的服務範圍和深度，以便讓出院的人能夠過有意義、有生產力的生活。在滿足患有嚴重精神疾病的人的需求方面，當前系統的結構顯然出錯了。

本書的目的

本書不會提供關於上述失敗情況的批評，也不會調查它是如何產生。這本書也不是紐約市西47街的活泉之家社群的歷史；自1948年成立以來，活泉之家一直在從事復元事業。這本書是關於活泉之家可被他人效法的模式。幾十年前，美國精神醫學學會和全國心理健康聯合會委託一個研究小組來評估活泉之家。他們想研究全美國針對患有嚴重精神疾病的人的就業、居住和社會需求的計畫（Glascote et al., 1971），活泉之家是他們選擇最先研究的地方之一。雖然研究者確信，大量曾經患有精神疾病——因為去機構化的影響而出院的精神病人有權生活在社會中，但他們同樣意識到無家可歸、失業、孤立和這種轉變造成重複入院的現實。研究小組的目的是找到「一種人道的、對社會有用的方法來為患有精神疾病的人提供服務，使他們能夠在社區中過上比以往更富效能的生活」（該計畫

第 5 頁）。他們想找到此類計畫在可擴展的支持結構方面，可以提供什麼樣的洞察，這將有利於曾經住院的精神病人回歸社會，過有意義和自主的生活。研究委員選擇了活泉之家進行調查，因為它在這方面已獲有響亮的聲譽。

雖然研究團隊對活泉之家印象深刻，但當職員將活泉之家背後的概念架構描述為「**家庭**」時，他們認為這個概念架構不足以作為可在美國大規模複製的典範。對於研究人員來說，家庭的概念「不是一種理論上的復元架構，而是一種對個案關懷的態度的表達形式。」（pp. 17-18）他們的結論是，在活泉之家取得的成功，比較是出於工作人員的熱情和同情心，而不是因為可複製的技術和復元模式的架構。幸運的是，其他人（主要是一線工作者）並沒有輕視他們在活泉之家觀察到的一切，且有意識到活泉之家在患有精神疾病的人的復元方面，它的哲學理念和實作所蘊含的力量。活泉之家繼續被複製到全世界數百個地方，通常被稱為會所（clubhouse）。[6] 儘管如此，1971 年研究人員提出缺乏理論基礎的結論，是我們決定撰寫本書時所認知到的弱點。

活泉之家的研究文獻回顧

其他人也寫過關於活泉之家的文獻。最值得注意的是，Stephen

Anderson（1998）在他的書《我們不孤單》（*We are not alone*）中記錄了活泉之家的重大事件。Flannery 和 Glickman（1996）發表了一系列會員故事和歷史片段來描述其運作，但未描述其理論基礎。複製活泉之家模式的需求不斷增長，為了回應這樣的需求，在 1989 年，活泉之家與世界各地其他會所合作，發布了一份會所準則，如實傳達了會所模式的內容（Propst, 1992）。但是，這些準則的目的並不是為了解釋**為什麼**患有精神疾病的人應該按照這些準則，也沒有正式納入支持其有效性的任何科學證據。雖然這些文獻都證實了活泉之家被討論的大部分材料，[7] 但是沒有提供統一的概念架構來回答**「為什麼？我們為什麼要做這樣的事情？」**這個問題的答案很重要，因為它不僅建立活泉之家投入人員支持會員復元的專業實踐的基礎，而且還建立了學術、研究和決定心理健康公共政策的緊密框架。

《活泉之家》（*Fountain House*）這本書是關於心理健康實踐中，一個獨特理念的故事：在活泉之家，專業人士和曾患有精神疾病的人每天聚集在一起，創造一個場所，復甦那些因疾病而被社會邊緣化的人的生活意義。會員和職員共同努力尋找源自他們自己和其他地方的資源，讓會員能夠就業、就學、居住，和培養友誼。這個想法激發許多人在社會中復元的希望。這本書將這些不同的歷史描述和個人經驗的理論線索連結起來，並解釋了它們如何演變成現今的工作社群，[8] 即活泉之家。作為一種專業方法，它可以被研究、在實

踐中被複製,並用以和殘破的心理健康服務系統對話。

社群作為方法學

活泉之家支持建立一個工作社群,作為幫助會員從精神疾病復元的標誌性取徑。「**社群**」這個概念是一個醒目的社會結構,因為它結合了一個鼓舞人心的理想和道德要求的願景,關於人們應該如何共同生活,並通過對傳統的團隊工作流程的經驗性理解來對待彼此,在這個團隊中所有參與者,包括會員、職員、董事會、主任和志工團隊,合作努力實現支持其會員精神復元的核心目標。因此活泉之家代表了一種關於如何對待患有嚴重和慢性精神疾病的人(作為社群的一員)的姿態或倫理,也代表了實現這種願景的方法和原理。

在採用社群作為方法時,我們對精神疾病的性質做出假設,這些假設構成了我們支持會員復元的方法基礎。活泉之家體現了人性的社會性質。我們承認精神疾病會伴隨失去彼此的關係和關係破裂,深刻地影響有精神疾病的人,遠勝於任何族群。此外,僅僅診斷這些疾患,就會因著診斷所傳達的社會污名而對病人產生嚴重影響。 Beard, Goertzel 和 Pearce（1958）將家庭、朋友和同事之間的疏離,以及最終的孤立稱為「關係挫敗」(relationship failure)。這種精

神疾病的社會症狀是活泉之家試圖解決的問題。

對精神疾病造成關係破壞方面的瞭解，活泉之家所體現的不僅僅是一個歡迎會員和給其庇護的地方。它乃採用系統性的方法，幫助患病的人重獲生活。作為一個具有療癒使命的社群，活泉之家將任務團體方法學（task-group methodologies, Toseland & Rivas, 2011）應用於處遇。它重新打造了組織結構，首先將所有治療的重點從病人（在活泉之家被稱為「會員」）的病理，轉移到他們表現出的韌性上，表現在參與日常活動作為自身復元的途徑。實際上，活泉之家將自己定位為一個有意識的工作社群，在這個社群中，在所有事情上會員都有參與和選擇的需要，使會員能夠為自己以及其他人的復元負責。活泉之家也為心理健康領域的工作者提供專業人員角色的替代定義。在其模式中，那些有權力的人肩並肩地與曾在治療時被系統性否定其平等合作地位的病人合作，使其平等參與。因此，活泉之家提供了一種吸引人的專業替代方案，可以取代社會中提供的傳統方式，乃基於社會正義、合作而非規範的關係，及基於個人的判斷和主動性。

這裡還應指出的是，正如合作是活泉之家內的實踐方法一樣，夥伴關係（partnerships）構成了與外部機構和其他組織的關係。活泉之家並不認為自己是治療精神疾病的完整解決方案。在早期的創新行動中，Beard 藉由過渡性就業計畫與企業合作，支持其會員的復

元。[9]解決疾病的社會面的同時，我們也認識到其他人為患有思覺失調症、雙極性情感障礙或嚴重憂鬱症等疾病提供處遇或醫療的必要角色。我們需要與其他臨床機構合作進行治療，這是我們將在後記中進一步探討的主題。

本書的一個重要的討論，是「社群」的概念，以及其在當前心理健康政策辯論中的使用。雖然社群這個詞出現在常見的治療方法中，例如積極性社區處遇（Assertive Community Treatment, ACT）（Stein & Santos, 1998），但「社群」常僅指服務的所在位置，而不是其所提供的治療的性質。**活泉之家**所描述的工作社群中所要求的關係品質，在這個治療方法的討論中不復存在。相反的，我們主張，目前的心理健康治療政策制定者對社群關係性質的忽視，只會繼續加強去機構化帶來的孤立和幻滅。在這方面，我們提倡使用社群事業作為處遇方法；病人和專業人員合作，使會員在社會中生存和復元。簡而言之，正如我們的副標題所示，需要建立工作社群作為任何大規模心理健康復元系統的一部分。

在本書中，我們引用了活泉之家的主要創建者 John Beard 的見解和實踐。簡而言之，Beard 就是因著一股義憤的力量而產生創新的例證。他相信精神病人的人格尊嚴。他拒絕某些人被認定毫無希望的想法，並避免經常發生在精神病院治療過程中的不人道處遇。在他母親灌輸的格言「做必須做的事情」驅使下，Beard 決心將他對潛

力的理解——患有精神疾病的人,轉化為給予他們希望的機會。雖然 Beard 和其他活泉之家設計者並不是沒有意識到受精神疾病所苦者的病理面向,但他們選擇專注於所謂的健康行為。他們認為,除了任何基本的食物或住所需求外,有精神疾病的人需要「感受到被需要」。因此,他們將活泉之家建設為一個以優勢為基礎(strengths-based)、以機會為導向的合作式組織結構,在這種結構中,是一個傳達尊重、自我決定和充權的環境,可以促進「**被需要**」和接納。在活泉之家,人們歡迎並鼓勵那些曾被疾病破壞生活的人們,為團隊貢獻自己的才能,作為一種幫助自己和彼此重獲生活的手段。

我們現在知道 John Beard 所建造的活泉之家,遠遠超越他的時代的思想和實踐。他的取徑預示著目前以優勢為本的取徑(strengths-based; Rapp & Goscha, 2006; Saleebey, 1996)和充權(empowerment; Simon, 1994)的方法。Beard 的實踐得到了當前對自我決定的心理結構的研究(Deci, 1996; Deci & Ryan, 1985)以及 Bandura(1997)的自我效能概念的證實。

從活泉之家早期開始,研究就是它的重要部分。在 60 年代和 70 年代,活泉之家設計並實施了兩項最先進的研究(Anderson, 1998)。第一個研究顯示活泉之家的取徑,對減少嚴重精神疾病病人再入院的正面影響。第二個研究表明需要加強對社區的外展,以便更加吸引會員參與工作社群。職員在許多小型研究中不斷收集各

種形式的數據,甚至採用影音設備來記錄活動。最重要的是,活泉之家參加 SAMHSA 進行的 2008 年全國性研究,即就業介入示範計畫(EIDP),該計畫研究了各種形式的支持就業計畫對於失業的精障人士是否有益(Cook et al., 2008)。活泉之家的研究比較了麻州伍斯特市創世紀會所(Genesis Club)的就業計畫結果與當地積極性社區治療團隊的結果。所有支持就業研究表明,如果得到適當的支持,精神病人是可以工作的。包括活泉之家在內的許多研究表明,各種形式的支持就業具有良好的就業率,約在 50％ 至 60％ 的範圍內;但不幸的是,所有研究也都顯示出低留任率,大約為期兩個月。然而,活泉之家的研究表明,以會所為基礎的支持和過渡性就業,工作的持續時間最長。EIDP 研究為活泉之家做出了重大貢獻;也因為它是一個有對照組的實驗研究,會所模式被加入到 SAMHSA 的實證方法資料庫中。包括最重要的就業等廣泛的研究,加上與麻州大學醫學院和國際會所發展中心提交的論文,使會所模式符合資格,可列入實證資料庫。

因此,活泉之家不僅僅是一種歷史文物或 John Beard 發明的方案。正如我們在本書中明確指出的那樣,活泉之家並不受限於它的位置和時間。活泉之家這個理念,建立在幾個可以闡明它的理論和實踐發展的傳統上。它起源於州立心理健康機構出院者的互助計畫。受睦鄰之家運動(settlement house movement)影響及最近在

社會工作實踐中的「人在環境中」（person-in-environment）和通才（generalist）取徑，活泉之家體現了社會工作理論和實踐的傳統，其結果得到了嚴格的證實。最後，我們說明「活動團體治療」（activity group therapy，見第 1 章）的意涵，是直接且深刻地受到了 20 世紀中期重新抬頭的**道德治療**（*traitement moral*，即 moral treatment）影響，當時它是以**環境治療**（*milieu therapy*）的名稱在美國蓬勃發展。因此，活泉之家將消費者和睦鄰之家運動的倡議和充權結構，與人文主義治療的復元理念相結合。這種做法經過六十多年的實踐，已證明它演進和適應的靈活性。它提供了理念和願景，吸引了全世界使用其方法。這是 John Beard 首先提出的做法，其基礎根植於更廣泛的心理健康理論和實踐的歷史。作為霍爾館（Hull House，芝加哥的睦鄰之家）的 21 世紀再造，活泉之家使受精神疾病所苦的人的未來抱有希望，這是當今社區心理健康復元服務體系中所缺乏的。

本書架構

這本書由兩部分組成。第一部分闡明活泉之家工作社群取徑的基本原則；第二部分解釋這些價值和原則，是如何以獨特和創新的專業應用方式在心理健康服務中實現——即社會實踐的專業模式。

我們的故事開始於第 1 章，John Beard 還是個二年級的社會工作

研究生，在當地醫院精神科病房實習；在那裡，他第一次瞭解到一種創新的任務團體的實作要素，即所謂活動團體治療（Activity group therapy, AGT）。在 AGT 中，Beard 建立了一個在當代社會工作實踐有最好體現的，基於優勢和充權的復元處遇原型。第 2 章則描述 Beard 根據他 AGT 的實踐來設計活泉之家；活泉之家先前一直是為受精神疾病所苦者提供安置的睦鄰之家（settlement house），及當時典型的消費者自主營運的社交俱樂部的混和體。Beard 重新將 AGT 所代表的任務團體應用原則，重塑為更加有機的、以復元為導向的工作日與非工作時間的社交和娛樂方案。在第 3 章中，我們將活泉之家的功能本質定義為一個工作社群，支持患有精神疾病的人復元和社會融合，並討論其組織所涉及的核心原則，即「**被需要的需要**」（*the need to be needed*）、會員「**選擇**」（*choice*）的權利，以及職員的**合作**（*collaborative*）取向。這些原則清楚地解釋了活泉之家作為社群，與大多數其他心理健康機構和服務之間的差異，後者的組織方式，大多是針對單一個體的服務。

　　本書的第二部分，在第 4 章中介紹了能夠彰顯活泉之家工作社群價值和原則的具體方法，即**社會實踐**（*social practice*）的應用。社會實踐旨在恢復其成員的社交網絡，以幫助他們復元。在這方面，我們將活泉之家視為一種受到願景啟發的實踐，受其成功的效果所驅策，並不斷自省和創新。我們理解社會實踐有兩個功能面

向：轉化性設計（transformative design）和動機教練（motivational coaching）。第 5 章定義了轉化性設計，並概述了將任務團體方法學（task-group methodologies）應用於由職員、會員和其他人組成的工作社群的社會環境，是如何能將其結構生態轉化為許多參與和貢獻的機會，可讓會員從事有意義的工作。共同領導決策（即共識決）、建立模範（modeling）和鼓舞人心的目標，都是活泉之家任務團體促進者（facilitators）手中的標準工具。活泉之家進一步期望其職員為其會員倡議社會正義，成為社區變革的有效推動者。關於動機教練，第 6 章定義了會員和職員之間一對一關係的實踐。在他們的教練角色中，我們鼓勵職員與會員建立重要關係（significant relationships），以增強回饋的影響力、消除參與的障礙，並在介紹會員給團體和社群的努力中增加風險承擔。第 7 章討論了諸如維持專業界限或避免有害的依賴性等實踐問題，這些問題通常在培養職員—會員重要關係的過程中產生。它還解釋了基於會員選擇的關係取徑所面臨的限制。最後，後記將活泉之家工作社群模式參照當前主流專業到消費者模式的心理健康實踐光譜，作為有連續性的服務，活泉之家代表著一個合作型復元中心，一個在社會中支持會員復元的「場所」（place）。最後，我們描述一個可替代現行體制的整合社區心理健康服務系統，即一個與社區醫療單位合作的工作社群（整合身體和行為的健康與幸福），這是我們對未來整合心理健康服

務系統的願景。這樣的作為將為社區心理健康服務中的醫療和精神醫學專業人員創造可行和有益的角色。

誰應該讀這本書

我們希望《活泉之家》能夠吸引到的，不僅是對活泉之家或其催生的會所運動有特別興趣的人，而是希望觸及到更廣範圍的讀者。我們期待讀者能夠對活泉之家有概念性的理解：它是一個強健、人道、概念上很豐富的社會事業，為患有精神疾病的人服務。我們試圖以此書與社會中研究、實踐及推動心理健康服務政策和治療的機構開展對話。我們承認，我們對工作社群和社會實踐的理解，雖然奠基於經驗，但仍粗淺，需要持續反思和改良。然而，使用當代心理健康專業理論的共同語言來闡述活泉之家的實踐時，我們希望鼓勵大家對前幾世紀所建立的思想能有更寬廣的理解，這些思想可以改善患有精神疾病的人的生活，正如活泉之家所做的那樣。我們鼓勵其他人一起使用社群的方法，來改善受到這種惡性疾病所苦之人的生活。

第一部
工作社群

John Henderson Beard

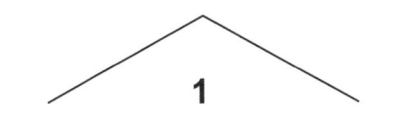

1
從「活動團體治療」中得到的洞見

適度的工作和規律的運動,使他在短時間內恢復了健康,並充分地享受了他的知識能力

── Philippe Pinel, *A Treatise On Insanity* 作者

從 1950 到 1951 年,John Beard 在偉恩郡綜合醫院(Wayne County General Hospital)的 N-206 病房工作。這家醫院在地方上被稱做 Eloise,因為它座落在底特律的同名郊區內。Beard 被派駐的這間病房住有 250 個患有嚴重及慢性思覺失調症(註:台灣已將精神分裂症更名為思覺失調症)男病人,沒有人認為他們之中任何人可能會復元。那時 Beard 是社工研究所二年級學生,正在醫院做田野研究。就是在 Eloise 醫院的這段時間,Beard 接觸到一種精神復健的實作,讓 Beard 投注下半輩子的精力及想像力。

在 Eloise 醫院,Beard 完全被他的督導——叫做 Pearce 的年輕精神科醫生的想法給說服。Pearce 就像其他心理健康領域的改革者一樣,對於被強迫住在收容所(asylums)的病友們的生活條件感到驚駭。Beard 和另一名同事,心理學家 Victor Goertzel,從 Pearce 那

裡學習到，受嚴重精神疾病所苦者還是有希望復元的。他們採用一種現在視為團體工作形式的實作，稱為「**活動團體治療**」（*activity group therapy*），簡稱 AGT 。Pearce 和他的團隊相信 AGT 可以恢復病人們的社會功能，繼而為他們提供出院後回歸社會的可能性。

在 1958 年，該團隊出版了一篇描述他們的介入的文章叫做「慢性退化思覺失調症成人病人活動團體治療的有效」（Beard、Goertzel 和 Pearce 合著）。文章指出他們的介入的假設根據，以及他們發現哪一些策略有效。顯然地，作者對他們在 N-206 病房的病人身上取得的成功感到興奮。他們聲稱現實導向的任務性團體方法論（task-group methodology）已經被證實，甚至對最退縮的受精神疾病所苦者都是有成效的療法。然而，對 Beard 來說，在 Eloise 工作是很震撼的。他從「活動團體治療」中獲得的洞見，遠遠超越在 Eloise 醫院內的病人小團體重新融入社會的成功。他在剩餘的工作生涯當中，仍繼續運用從 AGT 獲得的一系列原則。因此 AGT 是紐約西第 47 街活泉之家的種子，而且促進全世界幾百個會所的建立。

AGT 治療的設計

AGT 團隊並不特別關心那些醫療人員耗盡心力關注的議題，像是區辨不同的疾病（例如：憂鬱、思覺失調、精神病、妄想），以辨

識出它們的症狀或推測它們的病理因子。他們相信很多精神病人的痛苦經驗，是來自社會孤立的結果；他們的病人的病史，就像大多數嚴重精神疾病病人的病史，清楚地表明精神病行為對社會關係摧毀性的影響。根據團隊的理解，思覺失調使病人陷入孤單的生活，繼而危及了他們的復元。病人的疾病產生了併發效應，蔓延至他們所生活的社會肌理中，有許多人因此被撕裂。跟家人疏離、無法結交朋友、失業、學業失敗，最後終至流離失所，那些因疾病而受苦的人們最後敗給了退縮、孤立，有時則是衝突。因此，明顯的精神疾病的症狀並不是這些病人唯一面對的問題。如果復元要發生，團隊成員認為要把注意力改放在因疾病所產生的，對人際關係的破壞性影響及因此產生的社會孤立上。於是這個團隊擴展他們對精神疾病的觀念，將損壞的社會關係納入其中，並將他們治療嚴重精神疾病病人時關注的問題，定義為孤立，以及精神病人在日常生活中處理人際關係能力的喪失。他們稱此問題為「關係挫敗」（relationship failure）（p. 124）。

同時，他們意識到在二次世界大戰，很多精神科醫院依賴病人的勞力來維持醫院運作。病人外出到農地耕種及栽培蔬菜作為膳食，在洗衣間工作，也在廚房幫忙。同樣地，雖然很多人認為 N-206 病房的病人已經沒救了，應該被囚禁在病房裡持續空白的生活，但他們當中仍有人表現出離開病房，並參與一般性生產活動的能力。

換句話說，醫院的病人並沒有完全被疾病所吞噬。病人似乎保留了根本上可說是健康與有韌性的才智。因此，不管疾病，部分病人依然能成功參與集體努力。這樣的觀察啟發了一個假設：病人一定有部分的人格，即使它是潛在的，但它仍然保持無傷，未受疾病所影響，只要病人離開醫院環境，它就會啟動。團隊指稱這種能夠加入一般人類活動的能力為「剩餘的自我力量」（remaining ego strength）（p. 125）。

　　用佛洛伊德的理論來描述人類性格在那時候是很普遍的事——亦即「自我」（ego）、「本我」（id）和「超我」（superego）。一般而言「自我」是一個人有意識的部分，也用以與他人和環境互動。智力功能像是認知、推理、記憶、判斷，都被視為座落在「自我」的功能內。涉及思覺失調病人的案例，自我往往是關注焦點，因為思覺失調症在本質上被視為是自我功能的破壞。正如當時的醫生注意到的：思覺失調症是一種發展及維持適當「自我界線」的干擾，我們已將其視為思覺失調症病程的核心特徵。由於沒有能力區分內在思考及外在現實，故喪失了有連貫性的思維模式，或侵蝕了社交及認知功能。思覺失調症被視為實際上乃個人「自我」功能的喪失。

　　另一方面，當一些病人離開病房後，他們似乎準備好和他人一同參與活動。這樣的觀察說服了這個團隊，個人的一部分（如：自我功能）是完好無損的。這使他們臆測：如果他們能夠在醫院內創

造出一個有如複製了外界的環境──病人的自我能力沒有被精神疾病所遮蔽，他們可以刺激出其健康的能力，為病人帶來心理上的受益。因此，他們下定決心驗證假設──參與一般正常的活動可改善病人的情況──並引薦 AGT 到病房裡。

另一個因素對團隊在病房中實施 AGT 也有影響。他們希望證明 AGT 是一種能普遍通用的取徑，甚至可應用在最退縮的病人身上，即那些很少、甚至從來沒有離開過病房的病人。當時州立精神病院贊助的內容包含工作和娛樂等項目（Cumming and Cumming, 1962），工作，正如 Sacks（2009）最近所指出的，可以「正常化並創造社群，而能夠將病人從他們孤獨的內心世界中帶出來。」(p. 51) 不過，能將病人帶出病房環境的工作機會，多半只提供給那些被認為較能適應社會的人，而大多數的病人則留在陰暗的後方病房，沒有辦法享有特權，以進入多樣且具刺激性的環境。因此，Pearce 和他的團隊在病房中應用 AGT，選擇將他們的介入方式與其他同時存在的介入方案區別開來。他們鼓勵留在醫院的病人參與每日的團體活動，他們推測：如果在活動團體中成功讓這些最嚴重失能的病人參與活動，他們可以將這個發現推廣及應用在更大群體的，受精神疾病所苦的人身上。於是，AGT 被設計成「任務導向團體治療」中的行動研究（action research）原型（專欄 1.1）（Argyris, Putnam, & Smith, 1985; Lewin, 1946; Stringer, 1999）。團隊發現，儘管病人喪失

了人際關係，他們出院後，依然維持可以正常工作的能力。如果團隊能啟動病人的健康部分（前述提到他們的「自我」能力）並且鼓勵在病院中的病人參與一般團體的發展，他們可以重新振作病人的健康能力，即便這些能力似乎被無法擺脫的醫院生活所籠罩。結果病人的自我感覺變得更好，因而，對其中一些病人能在醫院的侷限外找出一條繼續生活下去的路，亦有了盼望。就這樣，這個團隊介紹 AGT 作為他們的處遇方法，並且發現它對病人生活產生有益的效果。

AGT 也吸引了 Pearce 和他的團隊，因為它提供了一個方法論，能召喚環境裡的所有人——包括醫院工作人員甚至是同儕病人，投入對精神疾病復元的貢獻。AGT 在病人和病房員工間創造一種自然

專欄 1.1
AGT 的設計方法

- 觀察：精神病人在醫院環境外表現出「自我能力」。
- 假設：參與任務團體活動（task-group activities）可以恢復關係聯繫。
- 處遇：在醫院病房引入各種任務團體活動（AGT），以發揮病人的優勢。
- 發現：AGT 促進了受精神疾病所苦者的復元。

的互動角色，他們相信在病房中連結員工和病人進行一般的日常活動（即任務導向團體工作），將能造成有意義、充權、翻轉的結果。「任務性團體方法論」這樣的應用治療，直接且深刻地受到當時流行的新興人道主義形式的精神治療實作——**環境治療法**影響著。

人道精神醫療的復興

「環境治療法」乃針對州立醫院愈來愈擁擠與貧困的現象所做出的回應。在 20 世紀中，大部分被診斷為精神混亂或瘋狂的人都被監禁於州立醫院。同時人們對 18 世紀**道德治療**（*traitement moral, or moral treatment*）的觀念再度產生興趣。統以「環境療法」之名，一些前導實驗（Greenblatt, York, & Brown, 1955）在美國各地進行，其意圖乃明確地想要復興法國醫生 Philippe Pinel（1745-1826）首先提倡的，一種對病人具有啟蒙性和責任性的精神治療。

Pinel 在摯友自殺事件後十分關心受精神疾病所苦的人。Pinel 認為朋友的死亡肇因乃極度不恰當的治療。18 世紀，不富有的精神病人接受的治療，其實往往是監禁及殘忍的對待。作為法國大革命時代的公民，因著對人權和自由的嶄新理解，Philippe Pinel 相信所有人，包括那些被認為是瘋狂的人都有人性。因此，他認為對精神病人嚴苛的治療是毫無根據的。他從 Bicete 醫院的監督人 Jean Baptiste

Pussin（以前也是病人）¹ 身上學習到，病人不是沒有能力啟動理智及希望的動機，做出一般回應。Philippe Pinel 作為好幾個巴黎醫院的主治醫師，改良了照顧精神病人的系統性方法，這個方法偏好從理智取徑（亦即道德）更甚於約束。具體而言，他的取徑包括仔細觀察他的病人，並就他們說出的幻覺進行治療性的對話，他同時尋找他們天生擁有的能力和韌性來支持他們的進步。

然而 Philippe Pinel 的重要性不僅止於他的治療方法。舉例來說，他抱怨關於醫院的環境，他說道：

> 醫院的大廳和走廊都是封閉的，這樣的安排冬冷夏熱，令人無法忍受且帶來傷害。寢室非常狹小和不便。我們沒有浴室，儘管我已經替他們申請了好多次；我們也沒有提供他們散步、園藝或進行其他活動的自由。因此在缺乏住宿相關設施的情況下，我們發現不可能根據不同疾病種類和嚴重程度來為病人做分群。（p. 21）

Philippe Pinel 希望病人生活的環境，所有面向都有治療的功能，他將鐵鍊從病人身上卸下，他用收容所取代土牢，讓病人能自由走動及享受空間。他提倡一個更像一般生活、較為豐富的物理環境，其中包括有目標的生活、適度的工作、規律的運動，以及精心挑選能給

予善意鼓勵以促進療效的員工。

在英國，William Tuke 仿效 Pinel 對於苦於精神混亂的病人採取人道治療的原則，創立了約克避靜所（York Retreat），那裡精神疾病的治療應用了貴格教派的教義（Tuke & Society of Friends, 1813）。就像 Pinel 一樣，Tuke 對貴格教社群一位患有精神疾病的教友被不當治療而死亡感到震驚。他深信此女病人是因為被監禁而死亡。他被同時代的自由主義思想影響，例如洛克和其他政治理論所倡議的普遍人性尊嚴與平等。因此他認為給予受精神混亂所苦者的治療，必須在符合我們共通人性的框架內進行。

Pinel 和 Tuke 人道而理智的做法，很快地也傳到美國的心理健康體系：19 世紀的創新──療養院所（asylum）。[2] 在療養院所中，精神疾病被認為是可治療的，這些改造者提倡將痛苦的病人從喧鬧的日常生活中撤離，將他們安置在安全處所，遠離致病的不良環境。他們執行一種療法，協助病人發展內在自我控制，讓他們模仿正常社會中人們的行為和價值觀。工作（work）在這觀點下被視為最有效能的治療模式（Eddy, 1815, p. 9），而工作人員與病人間的親近、社交關係亦具備同樣效能。早期這個方法的追隨者要求療養院所僱用聰明且敏感的參與服務者來和病人工作，陪他們閱讀或說話，帶他們去散步，或讓他們從事其它有目的性的活動，讓病人從不理性的狀態中轉移注意力。

然而，一個世紀過後，美國大部分治療精神混亂的地方，已經背離代表著啟蒙思想的道德治療，其人本主義理想與對照顧病人品質的要求。到 20 世紀中，大部分精神病人居住的州政府精神機構，已經拋棄主要的社會功能——恢復精神病人的健康。州立醫院變成收容超過 50 萬人的可怕倉庫（Grob, 1994），大多數的病人被視為慢性病人。他們在靈性、情緒和理智面向的貧乏，加重他們的惡化和受苦。州立精神機構和一般醫院相反，已變成過度擁擠、員工過少，成為經常使用物理約束來做治療的壓迫性機構。大部分的病人護理是沒有受訓的管理員在執行（Greenblatt, York, & Brown, 1955），這些醫院的條件如此惡劣，以至於員工的數量與準備都不足。它們的目的是要治療生病的心靈，而跟治療生病的身體的綜合醫院卻形成鮮明對比，甚至被認為是「幾乎沒有綜合醫院會在這種條件下營運」（p. 1）的環境。事實上，社會已經認定慢性嚴重精神病人是沒有希望的，因此社會不值得費心去管這些人。

　　為了回應這種狀況，一些專業心理健康領域工作者回顧早期道德治療（Moral Treatment）的成功，尋求解決方式。這些追隨者爭取病人復元的可能，而且將照顧病人的焦點從維持生存轉至「復健」。他們特別在醫院中恢復有人際關係支持的社會環境來實踐治療，目的在增進病人的社會化能力。這種治療被取名叫「**環境治療**」（*milieu therapy*）（Ricoh & Stanton, 1953）。提倡者相信環境治療締造

醫院內具支持性的環境，就和傳統心理治療的雙人關係一樣，對病人復元有正面的影響（Toseland & Siporin, 1986）。

為了達成這些目標，改革者擴大這種治療，從個別的精神科醫生到任何接觸病人的人（護士、管理員、甚至是病友），去構成病人的社會環境，於病人復元之路上扮演重要的角色。由紐約羅素聖者基金會（Russell Sage Foundation）主持的研究，反映了當時對於「**社會治療**」（*social treatment*）所承諾可改善病人情況的興奮：「認識到與病人接觸的每個人，對病人內在產生的影響，包含病人之間對彼此的影響，真實敞開了豐富治療潛力的大門，而非僅僅靠著精神科醫師的身體與心理治療來達成效果。」（Greenblatt, York, & Brown, 1956, p. 11）

醫生們相信醫院能變成更吸引人及人性化的地方，同時被塑造成一個療癒性的平台，在這個平台上，工作人員和其他病人都可以為病人的復元致力提供支持。環境治療（milieu therapy）反映當代英國的發展，也稱為**治療性社群**（*therapeutic community*），由 Maxwell Jones（1953）在英國倫敦的 Industrial Neurosis Unit Of Belmont Hospital 發揚。Jones 想避免當時許多精神科醫院限制及貶低人的實作方式。如同美國社會治療（social treatment）實作者一樣，Jones 的核心哲學是「整個醫院社群作為治療中的積極力量」（the whole hospital community as an active force in treatment）（p. 157），促使病人們在自

己及其他病人的心理復元中，扮演積極的角色。

　　採用「社會治療」同時意味著改善醫院的物質條件。這種治療法要求提供工作和娛樂的機會，這些機會被認為對精神病人是有好處的。就如那個時代的人所說（Cumming and Cumming, 1962）：工作（work）是古老且成功的治療方法。在他們的意見中，「有長期惡化的慢性思覺失調病人，可藉由職能再訓練，成功復健重返社會。」（p. 231）推動「工作」為療法，雖然一部分是因為二次大戰期間需要病人努力維持醫院的運作，但它仍舊代表社會治療努力的成果。最後，隨著受過訓練的精神科工作者的短缺，我們得將注意力放在病房裡的工作者——包括護士、個管員、外部專家例如職能治療師，甚至其他病人——整合起來去達成干預，實現治療的效果。因此，由精神科醫生領導治療團隊，而非個別照顧者一對一，則成為一種常見的心理健康介入方法。

　　正是在這個時間點上，Beard 和 Goertzel 組成的治療團隊，在具創新精神的年輕精神病學家 Pearce 的帶領下登場。他們清楚地覺察到自己是在大時代的脈絡下，作為社會運動的一份子，要挑戰這個社會對受嚴重精神疾病所苦者的漠不關心，這種冷漠導致病人被關在像 Eloise 這樣的大型監護機構的後側病房。他們認識到，他們所倡議的典範轉移，明確的與認為這些病人沒有能力，甚至復元希望渺小的看法決裂。事實上，他們認為病人所表現出來的精神病

症狀，與醫院那種缺乏實質關係的壓迫性環境有很大關係，這種環境帶來的痛苦不亞於疾病本身的折磨（Stanton & Schwartz, 1954; Sullivan, 1931）。他們在治療慢性精神病人方面採取了人道的、復健的（而非監禁的）方法。

　　作為訓練有素的臨床醫生，Pearce和他的團隊熟悉如何組成和運作具治療效果的團體。團體治療行之有年，特別是在門診中（Wender, 1936）。但是，由於AGT是基於病人健康的部分來介入，而不是基於其功能障礙來組織的，所以AGT的方法學不是那麼明顯易懂。事實上，當被要求提供有關病人優勢（strengths）的資訊時，他們承認自己很茫然。他們坦白道：「有趣的是，我們能夠詳盡地描述病人症狀行為的許多方面，但是，當要描述病人剩餘的健康部分時，我們有點不知所措。」（Beard, Goertzel, & Pearce, 1984, p. 124）因此，在AGT中治療師跟病人建立關係的取向，是前所未有的創造。他們的任務是設計一種與病人關係的結構，其中病人是參與建設性活動的個體，而不是在接受某種疾病的治療或解決某種不足。因此，該團隊致力於找出治療師與病人之間、以及病人與其他病人之間新關係的組成性質。

　　從20世紀50年代至今，有些心理健康工作者仍遵循醫學模式的取徑；他們診斷病人的缺陷或需求，然後制定治療計畫。相反的，Beard則試圖找到病人與自己都感興趣的領域，並根據病人的

優勢建構他的介入治療（intervention）。AGT 不僅僅是「患有精神疾病的人應該被視為人來建立關係或治療」的道德或倫理聲明，它同時代表了一種治療技術，其治療效果使患有精神疾病的人的能力成長，這些能力原先可能喪失了，或是潛藏了起來。Beard 得出結論：「當活動結構僅限於與病人的優勢和能力相關的職能時，病人過去經常遇到的『關係挫敗』（relationship failure）的可能性會大大降低。」（p. 134）這種強調藉由與病人仍然健康和正常的部分聯結來形成關係的方法，代表了今天大家所知的「優勢為本取徑」（strengths-based approach）的早期例子，它是當今心理健康實踐的標準（Rapp & Goscha, 2006; Saleebey, 1996）。而早在幾十年前，它就已成為 Beard 隨後引入活泉之家實踐的核心元素。

學習新的關係取徑

因為病人有退縮和將自己孤立的傾向，當治療師在面對病人時，促進其動機就是治療師最急迫且最具挑戰性的新角色，而不是處理疾病本身。治療師在安排個案參與團體之前，須協助個案能先建立人際關係。在最初的階段，Pearce 和他的同伴相信關心病人個人的喜好，能鼓勵他們來參與病房的活動。由於每個人的內在世界都擁有一種天然的韌性，或說是力量、信念和態度的核心（在此意指

「剩餘的自我力量」〔the remaining ego strengths〕p. 125），可成為復元的一種普遍性療法的基礎。在與病人建立關係的過程中，團隊的成員嘗試連結這些正常的行為模式，然後積極的使用它們來建立病人與醫院環境之間的關係（Beard, Goertzel, & Pearce, 1958, p. 124）。團隊發現就連他們最退縮的病人也呈現不同的行為模式，這些行為模式雖然看來似乎不重要，但卻滿正常的。所以 Pearce 鼓勵他的同事通過發展與病人的關係來進行治療──包括他們當中病得最重，只能待在病房，不能外出工作、休閒娛樂的病人──也能通過他們的個人興趣與優勢，和他們連結起來。

　　實際上，Beard 投入大量的心力跟他的病人建立關係。一個病人對代數有興趣；另一個病人喜好美食；還有第三個病人則偏好青少年文學。他給病人們驚喜，打亂他們的日常安排，或以非傳統的行為來表達對他們每一個人的興趣。他耐心花費了六週，和其中一個病人慢慢的在醫院裡建立關係。他將病人的名字寫在醫院的天花板上，並請他們指出自己的名字。他的工作時間很古怪，有時候他會晚上來醫院，將糖果放在病人的枕頭下。他陪病人一起散步，當其中一位多年沒說話的病人表達「我要尿尿」時，他用鼓勵對方直接在醫院的草地上撒尿，來表達接納。

　　不由分說，病房的醫療人員與 Beard 和他同僚之間存在著緊張關係，就連引進最簡單的改變也引發很多的焦慮。病房工作人員起初

以為 Beard「發瘋了」，而且認為慢性病人是無法正確適應 Beard 做法的。像是繪畫，管理員本來非常確定病人會撕裂畫布。他們只能用砂紙和一塊木頭來引入木工藝課程。然而，漸漸地，病人卻以合理的方式表現出自己的能力。

不過，當他們接觸病人時，團隊的確面臨一個挑戰：他們是否能避免病人的精神病行為（psychotic behaviors）干擾他們和治療師的關係，或是干擾個人加入團體？換句話說，是否能隔離病症而不隔離病人本身？Beard 解釋道：「為了要隔離病人的症狀，而不是病人自己，我們必須把注意力集中在病人最不被疾病干擾的人格部分。」（Beard, Goertzel, & Pearce, 1958, p. 124）在這方面，Beard 闡明了一個有力的觀點，即人不是由症狀所組成，病人也不僅僅等於他的病理狀態。如果這樣的分離可以實現，臨床工作者就可以自由地邀請病人參加一般的團體活動。

Beard 試圖在他跟病人的關係中降低病理學的影響性時，他所倚靠的是真實關係的脈絡。舉例來說，當他的一個病人 William 在抱怨被父母非法送達 Eloise，並且宣稱當他出院後會如何修理他們時，Beard 會轉移這樣的評論，並且區別他與 William 的互動與 William 和其父母的互動。他強調他那個時候不認識 William，並且他不會像其父母一樣在未來拋棄他。他對病人經常表達相似的情感，忽視他們精神病的影響並鼓勵他們有個人目標和夢想，亦表達他希望看到

他們「騎自己的馬」或「開自己的車」。這是一個優勢方法的中心特色：個人的願望是工作的核心，比治療更優先。因此，藉著遠離病理學，承認並加強關注個人興趣的領域，這個團隊相信他們可以幫助病人開始重新建立正常的人際互動關係。在這方面，活動團體治療在提供現實脈絡、避開疾病、促進個案參與方面，都非常有力。

進入團體

一旦建立治療師和病人一對一的關係，且精神病的症狀很明確的被控制住，病人就會被轉介給小團體。有時候活動很單純，就是傳接球而已。另一個例子，就像上述提到過的，Beard 說服一個曾經是木匠的管理員把一些他的木工工具帶來病房，讓病人參與木工工作。病人也會在團體中朗讀故事，並且演出不同角色。

活動團體（Activity groups）在這個歷程中是非常重要的。個人在 AGT 執行任務所得到的成功，讓病人從疏離的狀態中轉移注意力，同時給其他病人指導的機會。任務團體（Task groups）在本質上是充權的（empowering），提供了一個機會讓病人能扮演有意義的社會角色，參與者能從中累積自尊和自信。團隊注意到團體成員間出現了互助行為，團體中比較資深的成員開始去幫助新加入的成員。有一件讓 Beard 特別有印象的事件，就是當團體演出《魯賓遜飄流

記》中的一個場景，是魯賓遜試著緩和「星期五怕被傷害的恐懼」。Harold，一個平時安靜和有一點拘謹的團體成員，突然指示扮演魯賓遜的 John 說：「微笑……對啊……微笑……把槍放下。」Beard 評論這個事件：「讓我們驚訝的是，John 對於 Harold 表達的情緒指示雖感到困惑，但 John 真的將槍放下並且試圖擺出笑容。」因此，AGT 可謂在社會網絡中建立了一些關鍵事件，使其成為專業治療關係之外的復元資源。當團體中更有能力的成員去幫助比較退縮的人時，他們也為自己贏得地位及自我價值感。

團體也提供了一個重要角色給治療師，即同時作為情境中的「促發者」（enablers），也身為正常社會行為的模範。在每一個團體活動中，Beard 持續跟他的病人建立個人關係，並且協助他們參與彼此的互動。他感覺到藉由自己的行動，他能夠像個教育者一樣主導程序，以型塑活動的結構來增進學生的學習。當團體發展成熟了，去參觀醫院外的地方對他們來說就變得很重要。Beard（1958）描述了一次去底特律下城大型自助餐館的經驗，內容如下：

> William 展現出選擇晚餐的能力。然而 Harold 變得相當興奮，幾乎無法抗拒任何食物。他穿過 William 和治療師之間的隊伍，先抓起了一隻雞尾酒鮮蝦（一種開胃菜），興奮地問：「這是什麼？」他再拿了湯和沙拉，以及幾乎每道在他

面前的食物,他的餐盤滿到他把主餐放在奶油派的上面。當他坐在餐桌旁,他渾然忘我地用手進食,徹底忽視餐具的存在,將食物塞滿嘴直到他幾乎不能咀嚼。總而言之他搞得很誇張。**治療師對此不加評論,令人印象深刻的是,William 似乎接受了 Harold 的奇怪行為**〔粗體為後加〕。餐廳其他人的好奇心似乎沒有讓 William、Martin 和 John 感到沮喪,回醫院以後,Harold 做了他的第一個充滿情感的重要宣言「謝謝你們帶我去餐廳。」Martin 和 John 表示他們想再去一次。(p. 133)

在這裡,治療師的示範行為對團體有很深遠的影響。與其反映其他用餐者對 Harold 吃相不符禮儀(即大眾常規運作的情境)的不自在,Beard 支持 Harold 用自己的方式吃飯,對此 Harold 很感激。Beard 也為其他病人樹立模範,讓他們知道在這種情境中舉止應如何──這對團隊來說是一個重大的成就,因此其他病人也表示他們很期待再去一次。

AGT 在本質上是一種合作的取徑,強調專業人員和病人間為了一個共同目標而相關聯。治療師在這個過程扮演一個特殊角色:協助團體的持續發展,維持團體的動力,隨著病友的行為愈加成熟社會化,則調整團體的活動。Beard 認為這是建設性、充權性和最終具

轉化性的合作。³

AGT 的另一個基本面向是選擇（Choice）。活動之所以被安排在病房內，意謂著病人能自由選擇是否想要參加活動。Beard 的病人不需要經過醫院批准的程序，就可以在醫院外的社區工作。病人不需要證明自己行為合宜，就能夠參與，並沒有所謂備好標準答案的測試。對 Beard 和他的同事來說，如果一個病人要參與，她／他只需要開口詢問就好。當試圖連結一個人的健康部分時，參與的自願性是成功治療的另一個條件。就如同團隊觀察到的：「我們相信 John 在前三節活動是在『吸收我們所給的東西』（Soaking us up），然後他自己來到桌子前，這個行為代表病人有一個真正的內在動機去『與人接觸』。這是我們相信病人能從團體中獲益前的第一步。」（Beard, Goertzel, & Pearce, 1958, p. 130）這個團隊相信病人的進步仰賴於病人能自由、主動地參與團體活動。病人必須開始為他們的行為負起責任。這也就是個人選擇的力量，對病人的復元很有效。

當時間過去，每個團體互動和參與的頻率和程度會增強，團體成員們的行為也獲得改善。最後，當團體成員承擔更多責任，他們就會花愈多的時間遠離醫院。在這個部分，Beard 引入了他當時最有想像力的方案：利用地方事業的工作機會，讓病人獲得真實工作的經驗。Beard 的角色是去找到在附近的工作機會，並且提供就業支持讓他的病人能成功就業，例如在職的訓練，和擔任病人生病請假時

的代班。就業作為一個計畫性的工具,對於協助病人準備出院後回歸社區,是很重要的一步。除了為過渡性就業創造條件之外,還有個功能,即透過連結團體成員透過做真實的工作,因而創造融入社會的途徑。

來自活動團體治療(AGT)的洞見

Beard 在 Arthur Pearce 的指導下,受到的影響,不容低估。他完全採納了他在 Eloise 醫院獲得的洞見:就算是精神深受干擾的人,也存在真實的復元可能,且參與日常團體活動,對他們可以產生治癒效果。這使該方法充滿著具理想性的希望,但這樣的希望基本上在州立精神衛生醫院系統的擴張中,已然失落。以任務為導向的活動團體治療工作團體,提供了一種規避病徵的方式(事實上,是使病理學變得無關緊要了),並且增強或重新活化這些病人身上仍然留存的「自我力量」(ego strengths)。活動團體治療也證實,復元過程中,來自精神科社會工作者個別的支持和鼓勵不可或缺。這制定了一套有益於建構未來介入行動的特定洞見和技巧(見專欄1.2)。換句話說,這種介入不僅具備一套與現今心理健康介入標準一致的價值——亦即,因應病人的主動性和個人選擇,朝向復元的充權取徑。它也發掘出一個方法論的核心,反映出「人在環境中」

的取徑，體現了社會工作實踐的典範（Kemp, Whittaker, & Tracey, 1997）。此方法論採用了一套切實可行的策略，出於病人所經歷的疾病性質的個人化理解——即關係的失落，以及因此造成的孤立——它同時也透過形成正常活動團體的型態，納入可以促進復元的社群資源。

具體而言，AGT 試圖將病人與社交網絡聯繫起來，這種社交網絡支持他們重新獲得參與社會的自然能力。該團隊制定了策略，以激勵病人克服參加團體活動時所遇到的挑戰——包括焦慮和孤立。他們期望啟動一個進程，對被歸類為關係挫敗與社會孤立的人們伸出援手。該團隊不提供預定的行動計畫，只預設總會有真正引起病人興趣的事物，且病人會對這些事物做出反應。在尋找啟動病人興趣的鑰匙時，團隊越來越傾向認為，通往做出選擇的路上，個案獲

專欄 1.2
活動團體治療（AGT）的實踐原則

- 促進對日常人類活動的參與（任務團體方法論，task-group methodology）
- 和病人的興趣結合（基於優勢，strength-based）
- 尊重病人的自我決定和選擇（合作，collaboration）
- 促進就業（社會融合，social inclusion）

得了自我決定和充權的空間。事實上,他們已經在發展優勢取徑的具體策略。然後,在個別病人逐漸融入團體時,團隊承擔了更具創造性的角色,為病人的充權和參與提供更大的機會,也提供給病人正常行為的示範。

最後,這個團隊並非一個封閉的系統。它有社會融入的功能,藉由納入社區中的就業機會,實現最終回歸社會的希望。很明顯地,考量到這些原則,Beard 和臨床團隊發現了其他人爾後得知的,任何介入支持心理健康復元的基本要素——即理想的復元方案是以優勢為基礎的、充權的、合作的,以及就業導向的。

Beard, Goertzel 和 Pearce 對他們在病人身上看到的成功感到興奮,並得到結論:參與團體活動使病人得到不同程度的改善。他們將這樣的成功大致做了總結,即「病人與他人一起參與現實活動的新體驗,似乎促進了將失去的自我能力(ego capacities)重建的過程;並且 AGT 可以在適應社區生活方面發揮重要作用,從而降低再住院的可能性。」(1958, p. 136)

對於 Beard 來說,在 1950 年代監護式精神病院的荒涼情境下所獲得的洞見,佔滿了他的職業生涯。他被這些洞見所代表的社會正義所吸引,因它們的清晰性而行動。多年後他反思了他在 Eloise 的經歷,以及隨後在活泉之家的領導經驗(Beard, 1978),他明白他的職業生涯都是「一套體系的一部分……一旦你踏上旅程,就不可避

免地會走上這條路。對於完成整個任務，你將變得義無反顧。」（p. 4）對 Beard 來說，AGT 是一種道德呼籲，激發患有嚴重受污名疾病的族群身上未曾被預見的人類潛能，同時也是一系列的信條，指引他走向一生所追求的願景。

2
再造活泉之家

你不可能平白無故地就讓一個人變健康……我也需要參與一些可以讓我感到自豪、有成就感與自我滿足的活動。

—— Susan Omanski，活泉之家的會員

為了對出院病人提供支持性社群，活泉之家於1948年成立。董事會乃由精神病院組建，並成立活泉之家基金會，且迅速籌募款項買下了曼哈頓西區47街中一幢漂亮的建築，以進行這個新方案。參加活泉之家的人被稱為會員（members），不再被稱為病人（patient）。會員的會籍由「互助會」（Fellowship）來組織，互助會是活泉之家中獨立的團體，以當時典型的社交俱樂部（social club）方式運作。互助會透過討論、舞蹈和其他形式的社交及娛樂活動，讓會員相互支持。一年後，活泉之家聘用了一個小職員。

最初，活泉之家的運作很像一個為受精神疾病（mental illness）所苦的人們設立的「睦鄰之家」（settlement house）。[1] 確實，從活泉之「家」（House）這個名字便可看出端倪。活泉之家的起源的確跟睦鄰之家類似。它是由一些加入了州立精神病院前病人（former

由 Saint Clair Cemin 在活泉之家後院露臺上雕刻的噴泉

patient）團體的富裕志願者所發起的，原有的房貸在 Hartley House 這個活泉之家附近的睦鄰之家名下。除了這些鬆散的資源連結外，活泉之家後院裡還有聖克萊爾・塞明（Saint Clair Cemin）所創作的噴泉雕塑。早期活泉之家的功能，是真的很像 20 世紀中葉的睦鄰之家。

作為睦鄰之家的活泉之家

  Henry Steele Commager 稱呼 19 世紀末和 20 世紀初工業及都會貧民窟中興起的睦鄰之家——如紐約市的 Henry Street Settlement，或更知名的芝加哥 Hull House ——是「現代美國最偉大的社會運動之一」（Addams, 1961, p. xi），而這種說法並不令人意外。睦鄰之家不僅試圖改善相互交織的移民和貧困問題，更重要的，是他們如此衝勁十足地實現目的，激發了數以百計的追隨者複製他們的努力。作為一個團體，睦鄰之家的工作人員有感於弱勢族群受到的剝削，並受到隨之產生的社會正義感所驅動，故工作人員都心甘情願放下其地位身段，「融入」（settle）他們想幫助的族群、跟他們共同生活，以幫助這些人成為有生產力的公民。

  與其說睦鄰之家是組織性的處遇方案，不如說他們是對眼前問題的實際對策；睦鄰之家的社工是積極的問題解決者：教導移民閱讀英文，讓人們學習營養學和烹飪；為在職母親成立托兒所；開設兒童衛生中心和工作中心，提供社會服務和娛樂活動。在這些努力中，睦鄰之家的工作人員廣泛實施現在我們稱為「人在環境中」（person-in-environment）的取徑（Bartlett, 2003），此取徑認為社會期望和社會規範的相互影響，會決定個人如何選擇，也會決定他們的未來。在這樣的理解中，為了改善貧困移民人口的生活品質，有必

要改變社會結構。因此，睦鄰之家的工作人員在相關議題上採取較積極的立場，如代表兒童和婦女爭取勞工法，或遊說地方政府提供公共浴室、公園、遊樂場、圖書館，以及更好的垃圾收集方式等。

在這方面，睦鄰之家不只是致力於發展、擴張，讓一般只供應社會中富裕公民的服務擴及他人的行動者，同時也是試圖改變社會結構、重塑社會的倡議者。與當時代的慈善機構，也就是當今社會工作者的前身相反，他們並不滿足於僅僅解決窮人的迫切問題。他們認為各種問題的大部分根源，皆在於充滿阻礙的法律政策和社會中企業運作的剝削性質，而不是移民的道德失敗。睦鄰之家運動實際上代表著社會正義而非慈善活動，聚焦於矯正導致貧窮的社會情境，而非對個體做道德救贖（Davis, 1984）。

在幫助有需要的人這方面，睦鄰之家運動扮演了促進社會工作實作發展的角色。其使命的核心是，窮人只要獲得幫助，就可以使用個人資源來改善自身的處境。睦鄰之家運動正面迎戰健康、教育以及都市過於擁擠而造成的就業、貧窮問題，同時培力（empower）人們為自己發聲。如同 Husock（1992）觀察到的，睦鄰之家的任務像是替「社區的客廳」擺設家俱（p. 55），社區中的每個人都能在那裡滿足他們的個人需求。職員不直接輔導，而是藉由鼓勵人們積極參與社區來幫助他們。因此，除了提供教育、就業以及醫療支持、倡議與娛樂活動外，職員也試圖培力貧困者掌握自己的生活。睦鄰

之家職員這種非「家長式」的（Paternalistic）態度，強調了充權的理想，這種理想是實踐社會工作的主要宗旨，直至今日也仍然是活泉之家的關鍵價值和方案特徵。

早期的活泉之家就像睦鄰之家運動一樣，採納充權取徑，會員為了彼此的共同利益，在由病人主導的互助會下集結起來（Robbins, 1954）。活泉之家認為會員具備改善自身狀況的個人資源，並且因為他們擁有共同經驗，而能以獨特的方式幫助彼此。活泉之家還提供典型睦鄰之家中會有的教育和社會福利方案。例如，在 Rockland 州立醫院的支持下舉辦職能治療課程（由於活泉之家空間不足，故課程在活泉之家附近的 Hartley House 進行）。活泉之家還獲得一項紐約州政府職業復健部門的合約，培訓會員從事企業中任職文書工作的技能。最後，睦鄰之家起初的社工精神在今日的活泉之家依然存在：他們很重視如何與他們希望幫助的人**共融生活**（*settling*）。誠然，活泉之家的職員和會員並沒有住在一起；職員在一天結束後，都會回到自己家中。但是，作為通才（generalists），活泉之家的職員被期望要能夠與會員在各式各樣的情境中連結，包含一起工作、一起吃飯、一起學習某項職業的技能、一起打棒球，還有一起旅遊和外宿。活泉之家並不限制專業職員非得根據治療的定義來與個案互動，也沒有指示他們須依循某種專業工作倫理規範，來排除各種彼此連結的活動。相反地，活泉之家的有效社會實踐，需要廣泛的連

結互動,這些連結互動被視為職員在整體助人關係中能發揮成效的關鍵。

總之,活泉之家正如其名,代表一種為患有精神疾病的人們而建置的睦鄰之家,並反映了社會工作實踐的真誠面與歷史面。今日的活泉之家為患有精神疾病的人們所發揮的功效,就像上個世紀睦鄰之家為窮困者所發揮的功能一樣。活泉之家是一個「安頓的所在」(settlement),或者說是社區中的一個場所,在這裡,專業人員和受精神疾病所苦的個案(client)的生活廣泛地彼此連結。

然而,睦鄰之家運動的傳統無法反映活泉之家最終在概念上的設計。John Beard 在 1955 年來到活泉之家後,活泉之家的運作基礎便完全按照活動團體治療(AGT)和環境治療(milieu therapy)的宗旨來重新打造,而環境治療的歷史根源可追溯至 18 世紀後期對癲狂者的人道主義傳統(humanistic tradition for madness)態度,即所謂道德治療(moral treatment)。

John Beard 的到來

John Beard 在底特津市中心一間診所的同事口中,第一次聽說活泉之家,那是他社會工作研究所畢業後的第一份工作。他聽到活泉

之家是一個由會員來營運的會所（clubhouse）*便深感好奇，於是，趁1955年1月一趟需去紐約的行程途中，他順道前往活泉之家造訪。活泉之家給了Beard機會，讓他展示他針對曾有住院經驗病人發展的「活動團體取徑」方法，Beard因此感到非常興奮。但當他在1955年6月1日成為活泉之家主任（director）時，他卻發現活泉之家的實況與他的期待簡直天差地別。

John Beard對在Eloise的經歷記憶猶新，他來到活泉之家，試圖實施他在Eloise吸收的團體治療技術。然而，他震驚地發現，活泉之家社群內部存在嚴重的分歧與矛盾，使他與會員聯繫的各種嘗試都宣告挫敗。職員和董事會之間、會員和職員之間、會員和董事會之間，彼此都有相當激烈的衝突。上一任主任已應董事會要求辭職。另一名全職專業職員在Beard到來之前就離開了，第三名專業職員一個月後也離職了。在秘書也離職之後，只剩下兩名兼職社工。雖然董事會透過民間管道成功籌措到資金，但政府資金來源幾乎全數枯竭。這一時期的事件在Stephen Anderson的書 *We Are Not Alone*（1998）中有所記載。

活泉之家的衝突，集中於互助會（Fellowship）的活動。互助

---

* 譯註：一般而言，clubhouse翻譯成「俱樂部會所」，但因「俱樂部」一詞未能體現Clubhouse Model的內涵，故目前皆將clubhouse翻譯成「會所」。但此句中的clubhouse尚未形成目前我們所操作的會所模式。

會作為活泉之家的會員組織，是一個獨立運作的互助團體，但由活泉之家基金會贊助。其中一個爭議點是職員的角色問題。互助會的領導者主張分離主義，認為會員應該避免與專業職員合作——這種取徑至今仍存在於一些由消費者主導的、和同儕支持的組織中（Borkman, 1999; Pulice & Miccio, 2006）。Beard 覺得這種氛圍醞釀著不必要的分裂，特別亦因為他之前在 Eloise 有看過專業人員和病人合作的成功。互助會採取選舉投票程序來決定哪些會員能主辦會所內的活動，但實際上，由患有嚴重精神疾病的人（people with sever mental illness）組成的互助會所採取的這種機制，卻是讓贏家全拿、有機會管理各項業務，而輸家就失去機會。Beard 認為這種情況令人厭惡，相當不利於目標為提供所有人復健服務的組織。最後，在 1956 的夏天，他解散了互助會。解散後的隔天，Beard 用深具他風格的新取徑重新打開活泉之家的大門。Beard 把重點放在發展會員與職員互相支持的關係，這種關係深植於每日執行維繫活泉之家運作的、各項有意義的日常任務中。諷刺的是，Beard 其實正在復興當時先激發了 WANA，即「**我們不孤單**」協會（*We Are Not Alone Society*）成立的會員互助精神，活泉之家本來就是在這種精神中所誕生的，互助會反而讓初衷消失了。

設計活泉之家

從 Beard 第一眼看到活泉之家，就被它的潛力吸引了。他驚呼，活泉之家是「一張白紙」（sat vacant），可以依照他的喜好被塑造。隨著「互助會」的解散，工作地點從醫院換成不受疾病文化（culture of illness）宰制的都會區，Beard 抓到機會，在會員和職員之間，以及會員之間創造有建設性的社會互動，他相信這種社會互動會促進病人的復元。當活泉之家的一個社工 Mary Smith 讓他思考如何利用閒置空間時，做出這樣的轉變，對他來說更是再具體不過的方向了（Beard, 1978）。

有一天，Mary Smith 邀請會員跟她一起在活泉之家樓下的廚房準備午餐。做中飯和事後清潔──這類直接觸及會員需要的工作──即構成了 AGT 的核心要素。當 Eloise 醫院中的團體活動聚焦在日常興趣時（例如：木工、畫畫、傳接球），這些活動引發了病人熱烈的回應。Beard 的結論是，以準備食物、接電話、幫忙家務等來組織的工作日（workday）框架，對實現他想在團體活動中達成的治療效益有莫大的潛力。像上班日（workday-like）一樣的團體活動，提供了有意義以及很好進入的角色，讓會員能參與活泉之家的運作，同時職員的參與也是過程中的重要部分。

參與日常工作對 Beard 來說是有意義的。他認為比起像是參加棒

球比賽等活動，真實的工作反映了更有意義的生活體驗。他相信工作構成了大部分的人生，[2] 他本人也習慣一週工作 7 天。在 Beard 的心中，工作有其內在價值，會吸引人們去參與並貢獻他們的才華。譬如說，在 Eloise 醫院，他和病人在一個閒置的儲藏室見面。這樣的區域，提供了一個可以擱置醫院工作人員僵化的態度與關注的空間，在那裡，Beard 解釋道，他可以「專注於人們能有所回應的議題」。他可以玩拋接球，或閱讀 McGuffey 讀本的段落（Beard, 1978, p. 9）。他在儲藏室中的互動，顯示了他的取徑：他去看病人最好的，而非最差的狀態，以及對病人來說有吸引力的事物，以引發病人的興趣並讓他們成功參與。同樣地，圍繞工作日制定的計畫，可以使活泉之家實現如同醫院儲藏室活動般的效果：建立一系列日常任務和活動，使個人可以做出貢獻，並且為自己找到意義和目的。正如活泉之家的會員 Susan Omanski 後來觀察到的那樣，她需要「參與一些可以讓我感到自豪、有成就感與自我滿足的活動」（Waters, 1992, p. 42）。因此，工作日成為幫助活泉之家建立組織的鷹架，藉著工作日，會員和職員每天可以一起合作維護會所，因此也修復了會員身分應有的功能。

對 Beard 來說，工作也是一個正常化因素（normalizing factor）。在 Beard 的字典裡，「正常」（normalcy）是一個強而有力的詞彙，這一詞彙跟同時代復健領域的工作者之間產生共鳴（Wolfensberger,

1972）。上班是很正常的。藉由期望會員每周至少來工作五次，Beard 希望傳達這樣的信息：會員被視為與社會中的其他人一樣。活泉之家的工作日框架，提供了現實基礎，這對 Beard 的處遇至關重要。一方面不否認他們的疾病（illnesses），Beard——就像訓練他任務性團體方法的實踐者一樣——在工作日中，發現到病人參與一般人活動時的專注投入，能夠跨越疾病本身帶來的干擾和消極的負面影響，並讓會員越來越能涉入與他人的互動。此乃當時所稱的「日間方案」（day program），即以工作（work）為核心。藉著將活泉之家定位為一般工作環境，下班後也有娛樂和社交的機會，Beard 在本質上重塑了活泉之家的會員制，正如他在 Eloise 的處遇所取得的成功一般，使活泉之家發揮自然復元情境的潛力。

「正常」的概念除了幫助活泉之家的計畫成形，也形塑了 Beard 與病人的關係。他原本要承擔心理健康工作者的傳統角色，去研究這些疾病的形貌，以及其影響個體的病因。但相反地，他為自己設定了一個不同的、非醫療化的角色。他渴望在正常環境中與會員一起追求他們的「個人自由議題」。他專注於他們人格中那些仍然健康的面向（或者用他的話來說，是他們剩餘的自我力量），並允許他們參與一般的人類活動。

被構想成正常工作場所的活泉之家，也為 Beard 希望實現的目標，貢獻了示範性的效果。如果活泉之家的會員能做正常的事

情，他們就不像社會認定的那麼病態（sick）。社會將被迫承認這一點。Beard 確實挑戰了社會的現狀，但不是透過做一個積極的社區組織運動者；他的改變方法是示範，而不是對抗。他的病人參與正常活動的事實，清楚地表明了他們的內在價值和理智。他相信，活泉之家的存在將挑戰與精神疾病相關的偏見，並促使人們重新評估如何看待被診斷有精神疾病的人。

實際上，活泉之家已成為一個 Beard 在醫院團體活動中所嘗試實現的，治療的世俗化版本（secularized version）。褪去醫療的枷鎖與對疾病的關注，活泉之家的工作日為自主的社會互動和個人貢獻提供了自然環境，其中工作人員和病人在日常活動中的合作，是具轉化性的（transformative），並為幫助病人的復元帶來了希望。

架構日間方案

Beard 積極地以正常工作日結構來重造活泉之家。他認為造成出院病人（discharged patients）失能的關鍵因素，就是在社區中被孤立，以及隨之而來的害怕和不安全感。而工作日則能夠邀請會員加入他人，去回應彼此的復元需求，並在此過程中獲得個人意義及滿足感，成了吸引他們離開孤立狀態的工具。活泉之家在早上九點開門，傍晚五點關門，一週開放五天，就像一般的商務場所。Beard

將活泉之家分成幾個不同的工作區域：執行文書工作、製作午餐、清潔及維修區域。參與的會員獲得能夠為他人做有意義的事情的經驗。譬如說，Anderson（2005, p. 28）的報告中指出，文書部的會員為秘書提供的協助相當出色，九點進來工作，直到五點才離開。職員發現文書部與其他部門的會員程度就跟一般就業者一樣好，便開始安排會員在當地企業工作，即便很多人之前已經好多年未成功就業。最後，負責娛樂活動，像是戲劇、詩歌，和藝術活動的小組（這些活動都是附屬或日間醫院中，典型的日間活動方案項目），行程則被重新安排到傍晚或假日的社交與娛樂時段。

組成活泉之家的人

作為工作場所的活泉之家，也為會員、職員以及其他人的主要角色提供了定義。不過，雖然活泉之家是在以工作為基礎的框架內運作，Beard 卻拒絕了當代組織典型的高度專業化分工特色，這種特色也常見於心理健康機構中。相反地，他選擇將其組織建立在兩個簡單、高度靈活的參與者功能類別上：會員和職員。會員可以就他們的復元目標來自由選擇如何參與；職員則要在日常營運中與會員接觸和連結。然而，在這樣的努力中，會員和職員被期望在活泉之家的日常運作中肩並肩一起工作，共同負責管理。

正如前面所討論的，在 AGT 模式中，病人（patient）參與活動是重要的復元過程。職員採用社群內的各項活動作為推動會員參與的機會，並藉由消除會員參與的障礙和認可他們的成就來支持他們的投入。Julius Lanoil 於 1964 年成為活泉之家的新職員，開始他日間方案的工作任務。他的工作是在第九大道上、靠近活泉之家的街角經營二手商店。他的任務包括維持會員的工作量、替會員找工作，並視察公寓住民。他還負責規劃和經營週三晚上的社交活動，及參加每月安排一次的週末休閒方案。最後，他每天下午四點要與 John Beard 開檢討會議，跟 Mary Smith 的臨床督導討論，則是兩個月一次。他在筆記中紀錄活泉之家的經歷，Lanoil 描述了第一個星期作為新上任職員所面臨的艱鉅困難：

> 商店需要裝飾、擺放陳列櫃，還要安排人手駕駛我們的廂型車來運送貨物。商店要如何從上午 10 點開到下午 4 點，每週開五天（這是一開始商店的營業時間）？又要由誰來定價、貼標籤和打廣告？但也就在這時，我開始理解「什麼是活泉之家」。當我向會員們求援時，我會因為每一個「沒問題」的回應感到開心。隨著時間的推移，工作被分解成好幾個部分，由我自己和一個約 20 名會員組成的團隊來管理。每天早上，團隊開會計畫當天的活動、檢視進行中

項目的進度、計畫與居家會員聯繫、替新會員導覽、討論活泉之家的總體情況，並對會員提供積極的回饋和支持。

從上可以清楚看出，儘管手頭的任務量看起來已經超載，但發揮合作的努力，使這一切成為可能。Lanoil 進一步評論：「現在要是我聽到職員說他們需要更多職員加入工作團隊或部門，我會說，不，你不需要。正是工作的艱鉅，以及你無法獨自完成的這一事實，才創造了活泉之家模式獨特而有效的治療機會。」

活泉之家的其他角色，包括為所有社群運作負責的主任（director），以及承擔信託責任並提供廣泛資源和社區支持的董事會（the board of directors），他們確保活泉之家的永續經營。[3] 最後，作為一個致力於其會員，以及全世界受精神疾病污名所苦者的健康與福祉的社會機構，活泉之家吸引了許多自願花時間在社區結構中工作的志工和提供財政支持的捐助者。

任何與活泉之家相關的人都會承擔其中一種可識別的角色：會員、職員、主任、董事會成員或志工。即使今日活泉之家已發展成一家大型社會服務機構，每年約有 1,200 名會員和 70 名職員，[4] 但每位參與者某種程度上都屬於 John Beard 設計的這些廣泛的功能類別之一。我們可以看到，構成活泉之家社群的會員、職員、主任、董事會、志工和捐贈者集結起來，一起致力打造組織中社會生活的基

礎架構，實現具有意義的各種角色（Biddle, 1986）。每個效法活泉之家取徑的會所都有同樣的一組行動者，一道支持會員保持面對精神疾病（mental illness）的韌性。

社會融合：就業與居住

Beard 重新設計的活泉之家，特色是分出了不同區域的工作團體；參與團體是一種職前的嘗試，適合剛出院的病人（patient）（Goertzel, Beard, & Pilnick, 1960）。[5] Beard 並不反對那些教導工作技能的課程，但對他來說，在一個真正的工作場所中工作，以獲得平等工資，這種真實、非模擬的工作經驗是無法替代的。他解釋道：「如果能評估包含在實際工作情境下的反應和行為，所有變數都是正常的，這樣不是很好嗎？當然，你可以練習，在網球場以外的場地用網球拍練到一定程度。但在我看來，你還是必須上場。你得在真正的球場上，才知道你做得如何。」（1978, p. 22）

然而，他發現對許多會員來說，在活泉之家發展的個人能力仍然不足。由於長期住院、沒有近期工作經驗，以及殘存的不安全感，許多會員無法面對競爭性的招聘流程，也沒辦法順利掌握職場期待他們達到的工作成效。有些會員害怕外出找工作。讓會員在正規工作中就業，一直都是 Beard 的終極目標（他避開了與就業沒有直

接關係的計畫),他認為關在封閉系統的復健計畫是「可悲的」,就跟被監禁者沒有希望回歸社會一樣。與此同時,Beard 很實際,他瞭解發生在職場上的污名影響受精神疾病所苦者的程度。「企業」他評論道:「不會跑來狂敲門」以僱用最近從精神病院出院的人;要達成他的目的還需要更多東西。如果會員就業是活泉之家的最終成果,則必須擴大視野,直接協助會員找工作。過渡性就業就是提供會員在一般工作場所的就業方案。

　　Beard 憑藉著以往在 Eloise 替病人在當地企業中找工作的經驗,再次伸出觸角去挖掘紐約市在地企業的巨大潛能,以支持會員就業的願望。由此產生的計畫始於 1958 年,最初稱為就業安置計畫(Employment Placement Project)。Anderson(1998)引用活泉之家編寫的一本小冊子,如此介紹:

在活泉之家環境中進行了良好的職能調整後,病人現在希望在社區內就業。這是他一直努力的方向,只需要再進一步。要承擔常態性的全職工作,需要「過渡經驗」。活泉之家的就業安置計畫,旨在提供這種類型的體驗。(p. 29)

這項創舉的標誌性稱呼「過渡性就業」(transitional employment, TE),則在一兩年後出現。

在過渡性就業方案中，活泉之家將其觸角延伸到工作場所，使雇主和會員都受益。這些工作並非為活泉之家而設計；通常活泉之家會請雇主提供一項或多項他們原本就有的一般工作。由於目的是提供各種工作都通用的培訓經驗，而不是針對特定工作的培訓，故過渡性就業不需要任何複雜的技術專業。過渡性就業的工作包括一家小型印刷公司的信差工作、華爾街一家經紀公司的歸檔工作、第五大道一家大型百貨公司的文書工作、一家藥物包裝公司的裝配工作，以及壁紙工廠的倉儲工作。活泉之家的職員首先瞭解工作內容，然後陪同會員上班，將他們介紹給工作上的相關人員，並對他們進行相關培訓，有需要時，隨時為他們提供幫助。因此，活泉之家為選擇前往工作的個案（the clients）做擔保，並承諾雇主個案能每天出席且有效率地完成工作。這一承諾對雇主來說，是一個強而有力的賣點，並為活泉之家和雇主之間在會員復元方面的新興合作關係提供了基礎。

當雇主同意僱用會員，Beard 認為他已經規避了在競爭激烈的招聘過程中，有精神病史的人所面臨的主要障礙。取消面試過程是關鍵，正如 Beard 所斷言：

> 我認為基本上……就像動切除手術般，繞過了精神病史，病史變得無關緊要，就像不存在一樣。同樣，過渡性就業

也迴避了事實上缺乏的,所謂成功的工作條件調整。換句話說,如果前述是病人有機會去工作的障礙,那麼這些障礙不復存在。因為就過渡性就業的意義層面來說,障礙在其中被完全消除了。你並不需要通過工作面試。(Beard, 1978, p. 19)

與此同時,過渡性就業的設計旨在針對那些失去或從未學過通用技能的人,傳授他們競爭性就業所涉及的通用技能,使他們能在競爭性工作中取得成功。

會員通常在一個過渡性就業工作三到四個月,[6] 活泉之家認為這是一段在會員轉為一般性就業(independent employment)前,學習通用工作技能的合理時間範圍。在初始階段,會員被期待要保持正常出勤,並學習:打扮合宜、保持個人衛生、如何和雇主及其他僱員相處、處理個人的恐懼和症狀管理,及如何在工作崗位上溝通與發起行動。有自信以及精通這些技能,被認為是成功就業和生活的必要先決條件。實際上,過渡性就業被視為一種培訓工具,可以幫助活泉之家的會員在未來的就業努力中取得成功。

過渡性就業的薪資跟雇主給予一般員工的薪水是一樣的。這樣的薪資給付很重要,因為它保證雇主為會員設定的標準,與任何其他雇員相同。通過讓雇主成為復元過程中的夥伴,並保證同工同

酬，Beard 複製了他在 Eloise 學到的一個原則：活動必須是常規的。在學習和達成工作績效要求的過程中，會員獲得的肯定和滿足感也提升。儘管他們生病，他們仍可以跟其他人一樣完成工作，並且已經準備好執行一般性就業。

過渡性就業鼓勵會員承擔就業風險，但不需要承擔失敗的實際後果。當大多數一般人開始就業生涯時，他們會經歷一段時間的試誤學習。有些工作他們可以勝任；其他工作他們可能會被解僱。這很正常。對於有精神疾病的人來說，許多人因青春期晚期發病，而被剝奪了此職業發展階段。在 Beard 的思維中，給他們同樣的機會嘗試短期就業，才是公平的。在活泉之家，對於那些對一般就業工作環境感到恐懼的人來說，只要利用機會加以嘗試，不論他們工作的規律性、連續性的實際結果，都被視為一種成功的行為。

活泉之家在這樣的方案中，很快就開始獲得過渡性就業的工作崗位。第一個就業方案是由活泉之家董事會成員 Karl Keller 領導的公司所提供。[7] 到 1959 年底，有 22 名會員參與了七家不同公司提供的工作。今日，該計畫為會員提供了 90 個就業崗位。過渡性就業從來不是一般性就業（independent employment）的替代方案；它的目的，是為了替那些被證明難以立即進入就業市場的人啟動就業過程。此後，活泉之家開始提供各種途徑來幫助其會員成功就業，從支持性就業，到會員自營企業和社會企業，都是活泉之家的新嘗試。

以類似的方式，活泉之家也開始協助會員解決居住問題，這是他們生活的另一個重要面向。大部分出院病人沒有結婚或與家人同住。有些人的確會返家和父母同住；然而，大多數情況下，特別是在長期住院治療之後，回到自己的父母家是不可能的。對會員們來說，通常在紐約市的唯一選項，是單人雅房（single room occupancy, SRO）那種狹小骯髒的房間，且浴室是多人共用。如果沒有就業，單單只有福利津貼，大部分出院病人只能負擔得起這樣的住宿。Beard 敏銳地注意到在單人雅房的生活，會加劇那些有精神疾病的人常有的孤獨和寂寞感。

　　活泉之家以拓展業務進入居住市場作為回應。董事 Hetty Richard 在啟動計畫上幫了很多忙，她自己承擔租約，並為購買家具等額外支出提供補助資金。活泉之家的代表在城市周圍的不同地點與房東交涉，並簽訂租賃合約。活泉之家通常安排兩名會員合住一間公寓，從而降低了成本，並使會員有機會互相陪伴。每個會員支付活泉之家一半的租金，活泉之家再將租金轉給房東。當時紐約市的租金很低，所以這樣的安排是可行的。職員和其他會員會造訪公寓，並協助居住者處理日常生活事務。到 1961 年，活泉之家已收購 8 間公寓，且那一年活泉之家還接受了基金會的資助，獲得額外 20 間公寓。[8] 今日，活泉之家已提供住宅給超過五百名會員。

　　到了 1960 年，在 John Beard 的領導下，今日活泉之家的基本架

構已然確立。它的特色是安排會所工作日和下班後的計畫，並透過就業和居住方案來讓會員和更大部分的社會連結。在典型的工作團體環境（typical work group setting）脈絡下，上述各個部分都曾經，且至今仍彼此環環相扣。時光推移，活泉之家已搬到現址，在原有建築的對面。

　　由於會員和組織的需求增加，額外的活動工作團體成立了，現在被稱為部門（Units）。今日，會員和職員共同在研究、培訓、健

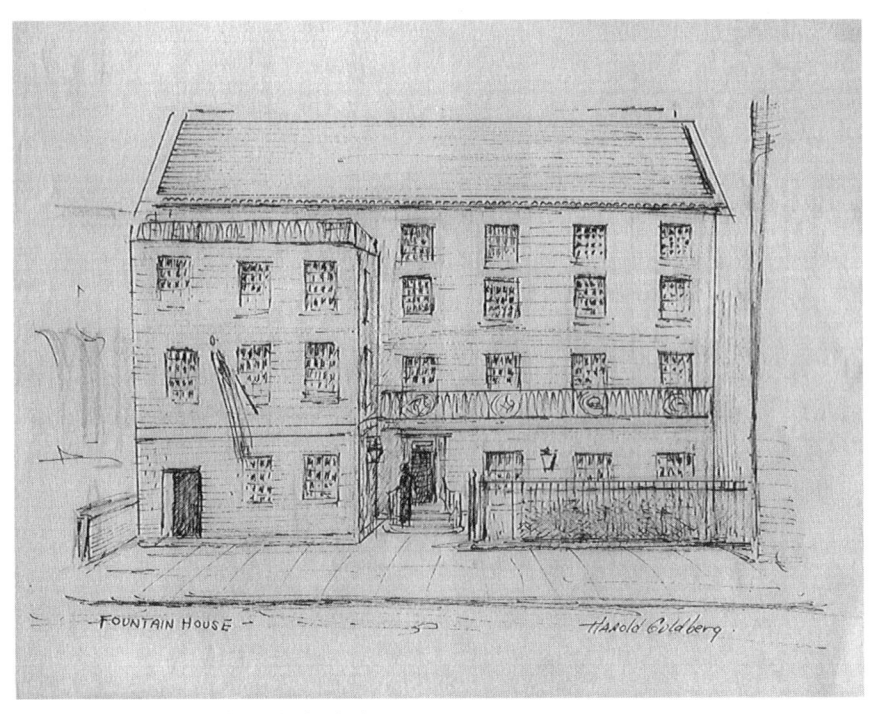

初期會員所描繪的活泉之家新址

康中心、教育、園藝、全職就業、入會申請和導覽中合作。活泉之家還納入了許多其他工作領域，如會計、募款、人力資源和硬體維護，來維持此社會機構的獨立運作。活泉之家還設立了一些特殊的內部方案：一個是針對聽障會員，另一個是針對有精神疾病的年輕成人，再另一個則是會員權益的倡議。雖然行政工作經常是因應外部需求而驅動（如年終預算期限或募款活動），而不是會員的迫切需要，但工作過程對會員是開放的，並為會員創造機會，使他們得到比原先所享有更深入的責任擔當和貢獻。活泉之家已經擴張到包括一個國際培訓中心和會員藝術畫廊。最後，會員和職員也能夠通過暫時移居到新澤西州北部的農場 High Point，獲得離開城市的喘息機會。

改造工作環境

還有最後一個層面，是 Beard 將活泉之家重新設計成正常的工作、娛樂方案時所要考慮的。他在 Eloise 工作中最難、促使他運用最獨具慧眼的才智去解決的難題，便是如何激勵他的病人從他們的興趣中踏出腳步（他在這方面很有辦法）、等待他們主動參與的時機。從個人活動或任務團體，轉移到由活泉之家所提供的整個工作環境舞台，活泉之家擴大和促進了將焦點從單一治療師，轉移到由

職員和會員的才能及想像力所構築的社會網絡的潛能。在活泉之家，個人和集體的興趣及需求，創造了一個領域，充滿急迫感和有意義的參與機會。儘管活泉之家使用的是世俗化的模式，本質上卻實現了環境治療的目標，藉著所有在場者的努力，包括會員和職員，來接觸和邀請會員加入活泉之家營運。這一切就好比 Beard 發現自己是一個孤獨的畫家，但他的小畫布卻已擴大成一幅巨大的壁畫，可以進而聘請無以計數的藝術家。

然而，從個別治療師對個案的一對一關心，到完全以一般工作日環境所建構的小社會，這種方法上的轉變需要不可或缺的最後步驟：如果活泉之家想要實現 AGT 對患有精神疾病的人所許諾的復元成果，它必須確保阻撓精神病人去接受一般社會挑戰的那些結構，不會滲透進活泉之家。在此方面，管理和勞動若做上下階級式安排，及工作者若把力氣花在主導關係、扮演控制角色的話，Beard 認為這並不利於活泉之家。他相信在會所中主導關係的，應是選擇和合作的價值。對精神疾病族群來說，他們的疾病通常涉及到個人的失敗感和自信的喪失（由於社會對有精神疾病診斷的人普遍存在污名及自我污名），他們的焦慮深深削弱了他們繼續生活和實現復元的能力，然而 Beard 建立了一個所在，保證會員始終在此有一席之地。他將所有發生在活泉之家的事，完全轉化為人性化的工作社群，所有的參與者一同合作來服務會員的需求和營運活泉之家。在這個過

程中，Beard 改變了專業人士和個案之間的權力關係，並重新定義了在其他心理健康機構中少見，甚至可能不存在的組織角色。最終，Beard 的思想從激勵人們投身於小而分散的團體，轉移到塑造有共同利益的社群，其中對於會員承擔責任和提供貢獻的需求——也就是會員「**被需要的需要**」——成為活泉之家深具催化性的工作原理。

3
工作社群的核心原則

我說，沒錯，人們都有被需要的需要。如果這種需要無法自然產生，就必須靠我們其中一些人來想出一個合理、非剝削性的做法，使個人能被需要。

—— John Beard

　　跟同時代的機構相比，活泉之家從一開始就採取不同的取徑，來協助病人精神上的復元。它使用特殊用詞來表述自身，從而強調出差異，並表明它的內在動力。它最先採用「club」一詞，取自「social club*」（Carmichael, 1959），讓出院的病人瞭解，在支持他們回歸社會方面，紐約市西 47 街（即活泉之家）能提供怎麼樣的機會。Beard 經常使用「日間方案」（day program）一詞，來傳達正常感（sense of normalcy），以及描述他對活泉之家的設計，即白天是工作場所、夜間有社交和娛樂活動的這種做法。另一個最持久的用詞之一，就是將活泉之家形容成一個「家庭」（family）。從本書開頭所描述的時期，可以看出此用詞的受歡迎程度，直到現在仍然很常使

---

* 譯註：社交俱樂部，後來中文翻譯為會所。

用。舉例來說，Vorspan（2004）在會所的國際會議中，一方面指出將會所類比成家庭的限制，但另一方面她認為如果要描述會所提供的個人成長機會，「家庭」一詞是特別好用的。她解說道：

> 家庭是一個機構，裡面不同的人擁有不同的角色和功能。在家庭裡，父母的責任是建造和維持家庭結構，來提供兒女各種機會和資源，使兒女能發揮最高潛能。而兒女的責任就是好好地使用這些機會和資源，當作加以發展他們人生目標的燃料。（p. 27）

最後，隨著會所準則出版並廣受接納（Propst, 1992），並作為描述此模式的框架，「工作日」（work-ordered day）[1] 一詞則成為典型的方法──強調了融入活泉之家取徑的當代會所模式特質。John Beard 人生晚期，最後將活泉之家的精髓稱為「意圖性的社區」（intentional community）（Beard, Propst, & Malamud, 1982, p. 47），也就是說，它是有目的性地設計成提供給嚴重失能精神病人（severely disabled psychiatric patients）復元的環境（restorative environment）。我們相信，最後一個詞「社區／社群」[*]，最能描述活泉之家在心理健康領域

---

[*] 譯註：community，在本書中譯為社群或社區。

中的特質,即它是當代一種獨特的、具治療性的處遇。

為什麼是「社群」?

社群(*community*)是「關係性」的用詞(Cohen, 1985)。它的用意是將一個團體跟另一個團體做出分別,或是將一個次團體從它所存在的大社會中區分而出。在這方面,社群為了跟其他城鎮或實體區分,會設定某種界線,有時是立起一個石碑,或甚至立一道牆。但社群不單只是指空間的接近;它也意味超越空間比鄰性的關係。參與在社群中,則牽涉到社群中的人們如何用跟外在世界不同的方式互相連結(Gusfield, 1975)。社群是一群人聚集成為團體的地方,並共享認同感和關聯性。

在社群中生活的個體,會對他們在社會中的位置和一起生活的人產生歸屬感。Sarason(1974)認為社群參與者所意識到的關聯性(relatedness)和社會連結感,可以稱為「社群的心理感受」(psychological sense of community)。他描述了人類對歸屬感、親密感和有用感的普遍需求和意識,它們常與這樣的觀念相關聯:[2]

> 我們生活的社區是一個地緣政治實體(geo-political entity),我們很少感受到與它的親緣性(kinship)。我們

可能在這個社區工作、繳稅和投票，但在其他方面卻感受不到自己是社區的一部分⋯⋯我們沒有感覺到自己被社區需要，也很少認真思考如何為社區問題貢獻心力。我們白天忙了一整天，晚上就累垮了，週末尋找休閒和娛樂。如果我們是家長，每天就有孩子需要我們的關注。哪來的時間參與社區活動？有什麼社區活動？我還能貢獻什麼？到底哪裡需要我？我們的生活在空間和心理上都受到限制，一切看來似乎理所當然，直到經歷某些強烈悽慘時刻，我們才渴望歸屬更大的關係網絡，以讓我們更能夠表達我們對親密感、多元性、貢獻感和歸屬感的需求（intimacy, diversity, usefulness, and belongingness）。（p. 2-3）

所以，社群同時包括空間和關係的涵義。

社群蘊含關係倫理並使人意識到自己作為群體的一份子，在活泉之家，這種豐富的觀念被視為復元（recovery）的關鍵。Beard 明白這一點。他敏銳地意識到精神疾病診斷導致關係性（relatedness）的喪失。他還瞭解社群的工具性能力；根據他在 Eloise 的經歷，他知道任務小組作為基本社群形式和一種產生支持性關係的環境，是具有療效的（curative）。他在活泉之家建立的部門或工作區域，也是重建大多數會員缺乏的關係性的一種方式。作為一個國際社群，活

泉之家提供了一種方法，以讓受精神疾病所苦者的目標感（a sense of purpose）和活力（vitality）有所恢復。

社群作為一種手段

《韋伯字典》（第二版）定義**社群**（*community*）這個詞為「在一個更大的社會中共同生活的，擁有共同特徵或興趣的一群人。」核心興趣或共同目的，即「意圖性」（intentionality），決定了社群的性質、界定了社群的疆界，並且給予成員意義和目的。活泉之家的各種活動背後皆來自這些存在的理由。會員對精神復元的需求，界定了活泉之家這個社群的功能定位。「會員復元」和「社會融入」這兩個目標，為活泉之家日常活動提供了迫切需要，以履行其滿足會員復元需求的社會使命。活泉之家的願景聲明（vision statement），確認了這個目標：「各地有精神疾病的人都能發揮他們的潛能，並且作為同事、鄰居和朋友而受到尊重。」實際上，活泉之家是作為復元社群（recovery community）而運作，會員即使生病，但都能實現他們復元的夢想。

然而，這樣的願景並不僅限於活泉之家。其他社會服務機構，同樣有可能抱持著讓人能在醫院外實現個人潛力的願景（Clay, 2005; Whitley, Strickler, & Drake, 2011）。藉由就業、自立生活和尋找朋友

圈來「重獲新生的過程」，在很大程度上代表了組織成年精神病人復元工作的新典範。雖然活泉之家對最終的社會融合抱有希望，但作為一個運作良好的社群，它本身就是解決會員在當今社會生活中所經歷的社會隔離的解毒劑。活泉之家提供了豐富的機會，讓會員有機會決定自己的個人興趣、跟團隊一起工作、做出選擇並面對結果，並在實現復元機構的目標時，與他人產生連結。活泉之家藉由工作社群，來使會員們能與同事、家人和朋友恢復失去的連結。或者，正如 Cohen（1985）所觀察到的那樣，「社群……是學習並不斷實踐如何『社會化』（be social）的地方。」（p. 15）總而言之，對活泉之家來說，社群既是鼓舞人心的理想（值得努力的目標），也是工具性的方法（如何實現目標的模式）。社群是活泉之家的療法；通過一個由會員、職員和志工組成的社群，活泉之家可以發揮其作用。最近一些反思活泉之家取徑的會所研究，證實了這些地方所產生的社交網絡，在為受精神疾病所苦的會員克服孤立感的面向上，深具重要性（Carolan et al., 2011; Norman, 2006; Pernice-Duca & Onaga, 2009; Waegemakers et al., 2008）。因此，活泉之家社群是會員克服精神疾病帶來的孤立感的地方，也是他們繼續生活的過程中，檢驗他們作為社會生物的能力的地方。此外，活泉之家採用「**社群**」來作為矯正社會隔離的方法，也點出它在當代心理健康服務中的獨特性。「**工作社群**」（*working community*）的設計是一種獨特的方式，

將它與其他同樣抱持復元（recovery）和社會融入理想的社會機構區別開來。

活泉之家工作社群的本質

活泉之家很有意識地圍繞工作場所的社會結構建立起自己的社群。縱然它表面上是一種類似工作日（workday）的文化，但實際上，活泉之家存在一種情感氛圍（emotional tone），這種情感氛圍不僅僅是活泉多年來專注成為一個正常工作場所而磨練出的整體期望與做法。「情感氛圍」是通過感官傳遞的非語言感知或理解。通常該術語用於描述音樂的氛圍，例如驚悚或浪漫電影中背景音樂傳達的情緒。會員從走進前門的第一刻起，就感受到了活泉之家的氛圍。當新會員進入活泉之家時，許多人表示驚訝。其中一位會員首次看到活泉之家時做的評論，有被錄製下來（Anderson, 2005）：「當我來的時候，我真的很震驚。我的意思是，我沒想到我會看到這樣的景象。」建築物的外觀簡單而深刻地表達了對會員的尊重。對這個潛在會員來說，活泉之家投射出一種高雅甚至豐裕的觀感，那是許多會員個人生活中所缺乏，甚至覺得自己不值得擁有的感覺。至少，那不是人們進入心理健康診所時會預期的感受。

但是對一個新會員來說，更重要的是活泉之家如何接待他們。

每個新會員一進門，都會有人親自接待，並導覽他們參觀房屋。迎新的時候，新會員被期待做出選擇，他們會被問到希望歸屬活泉的哪個部門，以及想和哪個職員一同工作。這些都不是精神病人第一次進入治療機構習慣聽到的內容。活泉之家不是讓消費者前來取得資源解決他們的需要或問題的服務機構。活泉之家首要是一個復元事業，會員的貢獻至關重要。因此，新會員不是被當作需要被治療的病症來接待，而是以一個可以對此共同事業做出貢獻者的身分被歡迎。會員們反覆重複提到一個簡單扼要的評論，證實了這種接待的重要性：「我在部門中負責接電話和接待訪客。被部門需要，給了我早上起床和生活的理由。」（引自 Jackson, 2001, p. 57）活泉之家社群刻意設計成一個工作場所，在那裡有精神疾病的人能參與並且做出不可或缺的貢獻。除此之外，會員及職員間隨著日常活動，產生人性、相互的關係，創造了工作社群的社交氛圍或情感氛圍，這成為活泉之家作為工作社群的典型特徵。作為一個社群，參與事業活動的人員之間的關係，構成了活泉之家取徑（approach）的核心。

活泉之家工作社群源於日常應用的幾項核心原則，這些原則支配了會員和職員關係的性質。具體而言，會員參與的必要性、「**被需要的需要**」（*the need to be needed*）、會員在所有事務上的**選擇權**（*choice*），以及人際互動的**協作性質**（*collaborative nature*），構成了一套實踐原則，賦予活泉之家明確的工作場所文化特徵。這些原則

確立了相互尊重和富生產力的氛圍，這在會員和職員之間的交流中顯而易見，並且令參訪者感到驚奇。這些原則應用在活泉之家，使得其工作首先乃作為一項關係的事業，確立了參與者在執行任務時所扮演的角色，以及人際互動的性質。因此，活泉之家作為一個工作社群的情感氛圍——新會員和訪客都能在社群輕鬆的互動中感受到——是基於這幾個核心原則的實際應用，這些原則為會員和職員之間的交流注入了人性、溫暖、活力與振奮，也在成員之間創造了一種情感上的一致性、一種被善待的感覺，因而能夠邀請會員參與其中，鼓勵他們自願承擔會所營運的共同責任。這些原則亦為多年來發展的歷史信念、標準、期望和實踐提供了理由和意義。此外，參與活泉之家這個社會事業中的人際關係性質、互動的品質以及背後的原則，是活泉之家與其他精神健康機構的區別所在，並挑戰整個社會對受精神疾病所苦者的治療方式。本章的其餘部分，將闡明這些原則的性質，並討論它們人道、優勢取向（strength-based）、自主和致力協作的動力（dynamics），及作為以個案社會福祉為明確目標的工作社群，它們的預期效果如何。

被需要的需要

被需要的需要，是形塑活泉之家成為工作社群的中心原則。它

是一道火花，啟動這富有成效的事業的引擎，這些事業的意圖與利益，是熱切地支持會員的恢復力，以及實現其社會福祉。正如一位新職員詢問在活泉之家的職責是什麼時，Lanoil 所總結的：「活泉之家為會員提供復健（rehabilitation）的最重要方式，是讓他體驗到被需要的感覺。」（引自 Anderson, 1985）和我們一樣，其他人也瞭解到，當一個社群提供真實且有意義的工作機會，參與其中的個人能自主地接受邀請，並做出被認可的貢獻時，這些人似乎更有目標，並承擔起意味著復元（recovery）的角色（Mancini, 2006）。這些研究顯示，有意義、負責任的參與，為有精神疾病的人提供了新的「以能力、能動性和幸福所標誌的自我認同」（p. 21），這是傳統聚焦於疾病的醫療模式往往會忽視的。正如活泉之家的一位會員深刻地寫道：「對我而言，『被需要』比生活中的任何事情都更重要，這意味著我正過著有意義的生活。我與其他人分擔了許多責任，且當我沒去會所時，我很高興自己被惦記著。」（Peckoff, 1992）「被惦記」是足以激勵她在團體中扮演有用角色的理由。在許多心理健康服務中接受幫助（無論提供者多麼抱持善意）都會產生無助感，但邀請會員貢獻自身才能的環境，是大多數會員在疾病發作之後從未有過的經歷。這個環境賦予尊嚴，促進接納，並真誠地邀請活泉之家的會員參與其日常會務工作。

　　運作上，「被需要的需要」使活泉之家的所有活動都需要會員的

參與，才能完工。職員相對會員的比例很低，代表實務上會員的參與是必要的。因為職員的數量不足以完成會所裡的工作，職員必須請求會員的幫忙，來完成手上的任務。每天早上，職員都要面對沒有會員幫助就無法填補的空白。職員刻意分配空間給會員處理會所事務，並邀請他們來扛起重要又有意義的角色，這些角色能造就他們自己和其他人的復元。當活泉之家和它在世界各地合作的夥伴開始規劃會所的準則時，他們簡潔的總結了會所的實踐：「會所有足夠的職員讓會員參與會所運作，但職員數也要夠少到如果沒有會員的參與，會務工作便無法完成。」（International Center for Clubhouse Development*, 2012）

「被需要的需要」的獨特動力在廣泛被定義為活泉之家文化的環境中很普及。它翻轉了職員與會員關係的常態方向，從「個案需要那些擁有特殊知識或技能的工作人員（如同傳統的精神醫療體系）」，轉換為「職員需要會員的協助」。它規範了職員對會員的行為，因為職員必須尊重會員對會所事業的潛在貢獻。「被需要的需要」要求所有的參與者保持開放的溝通，禁止隔離會員或職員的所在空間，也禁止會員或職員私下討論會所營運。因此，不管理論或實務上，活泉之家的會員在每個運作層面上，都是真實的被需要，

---

* 譯註：國際會所發展中心。

沒有一項會所活動是排除會員的。這正是當 John Beard 照著任務團體治療（AGT）模式成立活泉之家時所設想的。「被需要的需要」被注入到活泉之家這個社會事業中，會員已成為社群及其目標的積極創造者，工作日則成為一個自然激發會員動機和吸引會員參與的工具。因著「被需要的需要」，Beard 有效的將工作場所（a place of work）轉換成為工作社群（working community）。

作為社會人的會員

塑造這種以成員的積極參與為必要條件的環境，在 Beard 的時代是新穎的，但並非沒有前例。他的策略反映了當時英格蘭治療性社群實踐者所嘗試的類似取徑（Jones, 1953; Whiteley, 2004），在其中病人被邀請，作為其自身復健的積極貢獻者。最近，在就業、居住和疾病自我管理方面，心理健康倡議者提升了「同儕主導處遇」（peer-run interventions）的價值（Whiteley et al., 2007; Whiteley, Strickler, & Drake, 2011）。Mandiberg（2010）列舉了一些實例，使用「飛地*」（enclave）或子社區（sub-community）的策略，來促進參與者參與和獲得歸屬感，並提供居住和就業支持；他也提及其他幫助病人融入

---

* 譯註：飛地是一種人文地理概念，意指在某個地理區劃內，有一塊隸屬於他地的區域。

社會的策略。這些策略共同點，是立基於人性，即立基於「人是社會人」（human being as a social being）的首要性。

「被需要的需要」與關係性的概念緊密相關。「**關係性**」（*relatedness*）長久以來被接受為人性的一個先天面向，是人類行為的幾種持久動力之一（Maslow, 1954）。「歸屬感」或「關係性」是人的基本驅力之一（正如對食物、水和居住的生理需求，或對自我實現和自尊的成長需求），對人類發展和動機是重要的作用力（Alderfer, 1972）。透過訴諸個人在團體中的有用感——在活泉之家，如果會員不知道團體需要他或她的存在，他或她就不可能歸屬於一個團體——活泉之家擴展了「關係性」的概念，並將其與「自我實現」的互補需求相互融合。因此，「被需要的需要」肯認了一個人被接納為對群體有貢獻的成員的極端重要性。在這個環境中，會員被視為有能力的人，而不是待治療的疾病。因此，「被需要的需要」是建立工作社群的第一步，即組織層面開放參與，在結構上邀請加入。「被需要的需要」是一種獨特的人類意識，乃人類成長、發展的普遍與基本要素。「被需要的需要」在活泉之家內建立了普遍的結構，訴諸不被精神疾病影響的健康和活力領域，讓會員參與日常工作。

此外，「被需要的需要」，類似於 20 世紀主要人文思想所採用的概念和技術，這些人文思想關注個人動機和發展。例如，羅傑斯

（Rogers, 1961）指出,當一個人在實現美好生活、充分發揮自己的能力時,也會「發現他具有健全且很實在的社會性」(p. 192)。佛洛姆（Fromm, 1956）雄辯地描述了人類最迫切的需要是「克服自己與人的分離、脫離孤獨的牢獄」(p. 9)。Deci（1995）肯定「連結」（connectedness）這一觀念是人類的基本需求,也是理解人類動機和行為的決定因素。McMillan 和 Chavis（1986）認為,能夠體驗到「社群感」的四要素之一,就是人需要感受到自己能在群體中發揮影響力。以「被需要的需要」原則來組織日常活動時,活泉之家為曾被剝奪了尊嚴,在社區中成為陌生人的人們發展了一種處遇方法。活泉之家的處遇,旨在有活力地吸引會員,並重新啟動他們跟一般人活動的連結。且正如我們稍後將要討論的那樣,這種處遇在工作社群中嵌入了一種完全獨特的工作方式,在心理健康、社會工作領域的專業人員和個案之間。

再者,「被需要的需要」這一概念迎合了人類與生俱來的需求,這種需求不分文化背景,因此活泉之家是一個可以加以推廣,甚至在國際上複製的有力模式。活泉之家雖然將自己建立成在地的、充滿活力的社會事業,但它不把自己限制在紐約市。活泉之家不只是一個地方,它代表了精神病人「希望」的理念,超越地域。並且,藉由成為一個以會員「被需要的需要」為原則的工作社群,活泉之家每天都在為精神病人如何在日常社會中生活和工作,提供廣闊的

視野。「被需要的需要」原則以及它所產生的工作社群實踐，捕捉到身為人的社會本質，適用於世界上所有帶病生活的精神病人。

然而，要讓此體系能務實的運作，得具備兩個輔助條件。首先，Beard 瞭解到，他對會員參與團體活動的呼籲，必須要會員是完全出於自願，且沒有任何外在獎勵或是強制性的影響。活泉之家在這方面必須去訴諸其會員的內在動機。第二，既然「被需要的需要」徹底的轉化了一般工作人員與個案的常規關係，職員的專業角色必須被重新界定，從基於階層的、專家的，以及針對缺陷的治療方法，轉換為以個案的優勢與協作為基礎。「被需要的需要」、「會員選擇」以及「職員的協作角色」結合，成為三足鼎立的板凳，支撐起活泉之家及其它採用此取徑的會所的內在基因。

選擇

在活泉之家，「會員的選擇」與「被需要的需要」之間存在共生關係。「會員選擇」是一種倫理和工具性的實踐（ethical and instrumental practice），它順理成章地貫穿以會員就業為直接成果的整個組織。當職員面臨繁重的工作量時（要記得工作社群是刻意使職員人手不足），他們可能會在不知不覺中失去焦點，變得過度關注組織生產力：必須提供午餐、植物要澆水、有報告得發出去。職員很

容易分心，忘記自己有責任為會員的復元創造支持性環境。因此，若沒有會員自主選擇，「被需要的需要」很容易變成對個人的剝削，且不給他們的服務任何補償。會員的選擇作為一個剎車踏板，是避免此剝削發生的方法。它防止將會員當作無償勞工進行剝削的可能性。它挑戰其他聲稱遵循活泉之家模式，但將人手不足作為削減成本的措施而非培力手段的機構。這些機構允許自己變得人手不足，或非常依賴特定會員的貢獻，以至於可能會阻礙會員實現其人生目標（Vorspan, 2004）。他們誤將工作本身視為目的。

另一方面，Beard（1978）從他在 AGT 的經驗中瞭解到，接納會員的「準備狀態」，是他們能夠正常和負責任行事的必要前提。他認識到，為了實現復元，他「必須有某種方式嘗試追求個人自由的議題」（p. 13），讓會員有對自己的行為負責的空間。因此，他認為工作是達到目的的手段，是熟練的職員手中促進會員復元的工具。而且，在一個認同會員能夠有行為自主權的環境中，必須留出空間讓個人為自己的行為承擔責任。這是經由選擇來達成的。

「開闢自己的未來」或「駕馭自己的馬」（ride your own horse）（Beard, 1978）的力量體現了令人興奮的前景，而且得到了經驗證據的充分支持（Baylis, 2004; Gardner, 1997; Howe, 1990）。同樣的，心理健康消費者運動中的研究顯示，強制或缺乏選擇是「復元過程最不利的因素」（Mancini, 2006, p. 21）。活泉之家的會員欣然承認，他

們從參與活泉之家社群獲得的自主感和自我效能感，比現金津貼更能增加參與的動機。決定如何以及何時參與某項活動，而不是接受外在獎勵，成為會員參與活泉之家工作日的內在動力來源。

這應該不足為奇。選擇有助形成個人自主或自決的內在意識，而自決和培力對於成功復元至關重要（Chamberlin, Rogers, & Edison, 1996）。活泉之家的經驗證實了 Deci 和 Ryan（1985）多年的研究，其探討了自決和自主是如何從選擇的自我激勵效應中產生的。Deci（1995）指出，「激勵來自自我而不是外在，是創造力、責任、健康行為和持久改變的核心。」（p. 9）這也是活泉之家會員的立場。

在活泉之家，所有事務都可以自由選擇，保證會員可以決定他們在哪些日子來參加活泉之家的活動，以及哪些日子做其他的事情。會員到達後，他們可以選擇所要從事的活動、一起合作的職員、參與的步調和程度，以及他們什麼時候收工並離開。在整個活泉之家，選擇是培力會員的機制。此外，當「選擇」與組織目標規劃、會員參與組織決策相結合時，會使會員產生身為會員的自豪，並且讓運作充分展現公平的感覺。這對於活泉之家這樣的志願組織，是重要的議題。正如 Chua 和 Iyengar（2006）強調的那樣，當人們有選擇時，他們會有個人控制感並得到培力，這促進於他們參與的動機。選擇為會員提供了掌控自己生活的機會，從心理健康專家那裡奪回了他們復元的責任，將其掌握在自己手中。實際上，真正

的會員選擇，就是活泉之家實現當今消費者運動流行口號的方法：「沒有我們的參與，不要替我們做決定。」（nothing about us without us）它將流行的口號轉變為復元過程的程式內容。

最後，會員的自主選擇權吸引了他們的參與，而自主性和個人責任感又不會因此被收編，這種收編可能在助人服務中發生。創造一個由既需要關注又需要選擇的工作所組成的環境，讓活泉之家解決了許多社會工作者在階級森嚴的組織中試圖幫助有需要者時，所面臨的困境。在心理健康機構等專業助人情境下，工作人員被訓練成專家，他們熱衷於幫助面臨現實生活問題的服務對象，在這種狀況下運作的階級差異，可能會破壞對復元非常重要的自主性和自我效能感。Deci（1995）描述了心理健康人員通常面臨的兩難困境：

> 如果能夠引導最負責任行為的最有力動機，必須來自內在——來自在下位者的自我內部，那麼在上位者，例如提供健康照護服務者或教師，如何能激勵在下位的病人或是學生？（p. 10）

在活泉之家，會員在一切事務上都能選擇的權利，抵銷了這種不平衡，並且將復元的能動性放到會員手中。一些不完全瞭解工作社群模式的模仿者，遺漏了一個關鍵的概念，即職員必須把主動權

讓給會員。在這種情況下，工作人員要調整他們的專業姿態，變成同事或促進者。

作為同事的專業定位

如果「被需要的需要」是點燃活泉之家工作社群引擎的火花，而「選擇」是點火的鑰匙（被會員掌握的鑰匙），那麼職員的行動就是維持會所運作順暢的機油。活泉之家的整體運作，乃由會員、職員和志工所共同協作。這種堅持職員與會員合作的取徑可追溯到 Beard 在 Eloise 病房的經驗。Beard 和他的同事們發現，病房中成員和工作人員的關係品質，為那裡的社會互動增添色彩，並且對成員的培力和復元有積極的幫助。Beard（1978）認為「他們」（病人）需要在平等的基礎上參與，才能夠開始復元。他瞭解到，如果他可以解除深植在服務「提供者－病人模式」（provider-patient model）中的階級不平等，取而代之的是對會員貢獻及參與的需求，則在服務提供者－病人關係中的任何權力差異，實際上都會產生正面影響。事實上，活泉之家能夠在日常運作中發揮功效，正是因為這種重新設計過的會員－職員關係足夠牢固。Beard 對他的治療洞見解釋如下：

這些年來，我們努力獲得更多的推動力時，這類情形不斷發生。[3] 因為，你還有什麼？我相信我可以繼續舉出更多的例子，但是⋯⋯我們所做的不過就是，去表明這位慢性病人能做的事情比他在病房做的更多。如果你讓病人做這些事情，他就會開始被刮目相看。當你被刮目相看時，你會得到不同的對待。你可能會得到更多的回應，像是：「謝謝。」或者，「嘿，那很好。」或是「你願意嗎？」而這就是我們所擁有的一切。(p. 7)

因此，活泉之家已經在結構上將會員－職員關係從階級關係重新編制成合作關係。在這種環境下進行的交流──職員表達他們需要會員的貢獻，也表達對個別會員的信心、支持和感激──改變了會員對自我和自身能力的認識。在職員的鼓勵之下，會員獲得信任，不再把自己看作是問題，而是問題的解決者，因而又再建立了他們的自信。在個人的層次上，會員變得更有勇氣，在復元之路上大步前行。Vorspan（2000）描述活泉之家工作社群的這個面向，如何能支持會員復元：

精神疾病剝奪人們的認同、自我感，和他們生命的意義。當某個人注視著我們的眼睛，並且說：「我需要你」，我們

就開始了重新發現自己是誰的過程。如果我們被如此真誠對待,我們會開始去接受——哪怕是以最猶豫和最微小的方式——這裡的確仍有一個「我」,被另外一個人需要。然後,當我們踏出去回應那個需要,並且願意投入不論是什麼樣的工作時,我們就不再有遲疑的空間,而能夠認定「我依然存在」。即使破碎,我依然**存在**,藉著和另一個人一同工作,我似乎慢慢地在茁壯。(p. 35)

因此,活泉之家通過創造一種社會環境,重新安排自然的權力關係——在這種環境中,會員的參與是被需要以及被期待的,會員的選擇是被尊重的,活泉之家改變了有精神疾病的人對自己的看法,這反過來更激勵了會員的參與。

實際上,活泉之家利用了會員—職員關係中自然的權力差異,在會員的生活中創造正面的結果。在其他機構,個案尋求專家的幫助,然而在活泉之家,專業職員得依賴會員來成功的完成會務。他們必須定期主動和會員聯繫,請求他們的幫忙,並且對會員為團體做出的貢獻表達感激。由於會員是自願參與,職員必須不斷調節這些關係——發展出足夠的自信,以承認職員自身在情境中的限制,並且謙卑地認定擔負責任的會員為同事。如此一來,活泉之家的職員角色,轉變了工作人員與服務對象框架中的常規權力軸心,從階

級關係轉變成同事關係。活泉之家是一個未來社會工作模範的主要例子——以優勢為基礎（相對聚焦於缺陷）的取徑。這種取徑中，職員在會員的復元之路上，視會員為有價值的貢獻者（Rapp & Goscha, 2006; Saleebey, 1992），而不是需要幫助的人。以優勢為基礎（strengths-based）的觀點是有地位者與無地位者共享的培力工具。就如活泉之家的一位職員所述，巧妙描述了職員角色：「每天你去工作時，身上的袋子充滿權力。你的工作就是在離開前清空這個袋子。」

獨特組織設計

雖然上述每種策略在心理健康治療中都並非沒有前例，但將心理健康實踐組織成一個由會員和職員組成的社群，一起促進職能活動、同事合作和選擇，確實建立了一種新的工作方式。在這樣的環境中，職員需要會員（也就是說，在這裡，理解是具有目的性的），而且會員可以選擇如何參與組織，這就需要一個與當今心理健康機構不同的組織平台——致力於復元的社群，而非提供個人化服務的組織。活泉之家對空間的控制，是為了促進這種影響。活泉之家傾向在開放空間進行團體活動（而不是個別工作人員與個案一對一地進行個案管理或諮詢的小型辦公室或小隔間）。在空間上，它體現了一種社區結構，其中會員和職員合作回應會員的共同需求和利益。

文書部門的開放空間，有助於工作日活動的進行

它選擇了更流暢的設計，讓個案的自願性可以蓬勃發展，會員和職員可以依據當下的需求鬆散地形成或重組團體。這並不是說活泉之家不能滿足個人需求。相反的，它將這些需求以與傳統社區心理健康中心不同的方式組織起來。例如，在活泉之家新會員入會的方式，就表現出了以社群的取徑來支持個人服務的組織設計。

新會員入會

活泉之家接納新會員入會的方式，強調了對有精神疾病的成年

人的無條件承諾：唯一的資格要求，就是有精神疾病的成年人。在提供復元服務的同時，很少或根本不會對會員進行選擇，這是相對上很獨特的做法。職員不會測試這些新會員準備好了沒。他們一視同仁地為所有患有精神疾病的成年人提供服務（視他們為「人」，而不是「有問題的人」）。一旦會員被診斷有嚴重精神疾病，[4] 他們不會被分派到被機構認為適用的特殊服務。他們被視為能夠做出貢獻的人（而不是具有特定缺陷需要修復的人），並可以做一個生活、工作社群的正式會員，能立即獲得選擇任何活動和服務的權利。

　　同時，活泉之家的職員和個案一同工作的方式，並不侷限於一般社工機構的工作類別，諸如個人或團體諮詢、日常生活活動課程、個案管理或居住、就業服務。由於活泉之家的職員需要會員履行自己的職責，因此他們不能僅僅根據職員的專業來接觸會員。他們必須摒棄任何反映部門化服務體系的固定職能。相反的，職員表現出對會員各種需求和興趣的開放態度。不論哪一天，職員都與會員一對一地以小型工作組織的形式，或在鉅觀層面與其他社會機構就會員權利和利益進行合作。正如 Dougherty（1994）所解釋的那樣，職員扮演多重角色——例如，作為部門的管理者和教育者，或者作為向政府機構爭取會員福利的倡議者。我們期待活泉之家的職員成為技巧高超的專業人員，能夠使用基於優勢的實踐方法與會員互動。總而言之，我們對職員的期望，是展現社會工作中的通

才（generalist）實踐，其反映了技能多樣性和思想靈活性（Jackson et al., 1996; Locke, Garrison, & Winship, 1998）。在社會工作領域，通才會萃取社會工作專業角色所共有的價值觀和實踐，並在各種實踐環境中運用重組的原則和技術。在這裡，「角色靈活性」（role flexibility）是通才取徑的主要特徵（Etzioni, 1961, p. 320; Kirst-Ashman, 2010, p. 95）。

活泉之家的職員必須很有彈性；事實上，他們必須從根本上保持靈活。他們以通才（generalist）的方式與會員聯繫，特色是願意與會員就任何問題進行溝通。除了在正常的工作氛圍中勞動之外，活泉之家的職員還應該在不限範圍的日常情境中與會員交流。他們被要求在工作場所與會員有專業上的互動，以及在工作時間外有社交上的聯繫。最後，如同第 6 章中關於動機教練（motivational coaching）所討論的，活泉之家與傳統社會工作實踐大相徑庭的是，活泉之家的職員自始至終都要與會員建立真實、有影響力和重要的關係。

組織典範比較

活泉之家呼籲心理健康機構重新設計他們提供服務的組織運作方式，從個人化服務轉變為社群式服務提供者。它將組織內部工作

人員的角色和期望,從階級制度轉變為團隊合作;從要求順從轉變為尊重選擇;從執行教育性或模擬的治療轉變為重視真實工作。因此,活泉之家的職員應該以優勢觀點(strength-based perspectives)為基礎出發來開展工作,在組織設計上更重視激勵性而非診斷性;職員也被期待能成為通才(generalists),能夠在理解個案工作的界線方面保持彈性(而不受專家的專業定義所限制)。職員擅長經營關係的技巧,聚焦於在現實生活中幫助和培力會員,而不是將職員工作定位為提供解決方案的專家。歸根究柢,活泉之家典範的不同之處在於提供社會實踐的技巧(參見本書第二部分),而非特定的治療方法。

表 3.1　專業組織典範轉移

	社區心理健康模式	工作社群模式
組織原則	階級	團隊
取徑	基於缺陷 診斷式 專家	基於優勢 激勵式 通才
環境	模擬	真實
專業技能	教導性 自我覺察導向 解決問題的人 個人化治療	關係性 任務導向 培力的人 社會實踐

要求職員與會員在不同層面上進行接觸的關係，是一項具有挑戰性的工作，需要高水準的人際關係技巧。我們將其等同於總經理所需的專業素質：經理必須展現多方面的人際關係技巧，並對各種情境和領域有所理解。因此，雖然活泉之家歷來僱用不同背景的職員，但近年來只接受有碩士學位的申請人。[5] 尋找員工的條件，是找到一個在看似混亂、有眾多參與者的環境中工作時，仍對會員潛力保持積極態度的人。此外，由於對通才職員的多樣化要求，職員要深入挖掘自己的性格，才能在與會員的交流中找到創造性和真誠的解決方案，因此他們必須發展自己的魅力。

魅力（charisma）是一個人對另一個人的認知或行為產生的影響。它不是基於外部屬性，例如階層組織中的位階，而是基於社會工作者通常被期望表現出來的個人特質和社會工作者的個人判斷。活泉之家希望職員能夠培養個人魅力。事實上，成功的活泉之家職員是有效的社會實踐典範。正如 Etzioni（1961）所指出的那樣，像活泉之家這樣的標準性組織，[6]「當個人魅力能廣泛的展現，特別是由直接服務提供者來展現時，就會非常有效。」（p. 320）活泉之家在其 60 多年的社會工作實踐歷史中，其高度多樣化和熟練的專業職員在組織中合作和展現個人魅力，證實了 Etzioni 的觀察。因此，對於活泉之家來說，職員和會員之間的關係在當今主流的科層醫學模式之外，找到了它的專業定義。

關於場所

最後，工作社群需要一個場所。對一個把參與者面對面的合作視為最重要的團體來說，地點和空間是必要先決條件。Beard 很直覺的瞭解到，為了實現他的願景，擁有自己的場所是必要的。因為他所設想的條件與醫院那種只看疾病的文化和實踐徹底不同，他在 Eloise 找到了一個空的儲藏室來作為一個「場所」，他和他的病人可以自由地建立社交空間，來跟病人的健康利益連結，也使 Beard 能夠扮演治療師之外的角色。最終他領悟到醫院環境是有限的。因此，當一有機會在活泉之家建立自己的計畫時，他就接受了。

對於有精神疾病的人來說，在社會中有一個場所來跟他人連結是非常重要的（Carolan et al., 2011; Whiteley, Strickler, & Drake, 2011）。場所的概念具有存在的特質，使得該空間內發生的連結變得富有意義和記憶。Relph（1976）稱場所是「個人和社群認同的重要來源」（p. 141）。因此，對於那些**社會地位**（*place*）充滿了污名和羞恥的族群來說，場所（place）是一個安全港。由於去機構化和失去容納受精神疾病所苦者的特殊場所——不論在那裡的經歷多麼差——活泉之家代表著一個利基（niche），他們可以在這裡找到意義和穩定感，並培養與他人的關係。

場所也可以對人們產生有益的影響。用 Ryden（1993）的話說，

「因此，地方感可以維持身分認同；提供個人、集體跟過去的聯繫，提供情感的連結處。它是意義和價值根源和錨定的所在。」（p. 95）有一個地方可以去，在那裡得到情感和社會支持的聯繫，為感到無家、無根但仍然生活在社會中的人們，提供了一個解決複雜生活問題的途徑（Casey, 1993）。March 等人（2008）分析場所與嚴重精神疾病病因的關聯，將場所的功能視為風險或恢復力的儲存處：「作為一個儲存處，一個場所包含自然和人為環境，物理結構，和形塑了人們在特定地方的經驗的物質資源。地方的物理和社會建築既塑造又反映了個體居民、社會團體、社會結構和機構的關係。」（p. 96）我們同意，一個場所中發生的社會過程，對於有精神疾病的人來說，既有保護的效果，也可以有治療的效果。我們打算在後記中進一步詳細探討，思考活泉之家這個場所作為一種實作和一絲盼望，如何能在去機構化的時代提供線索，來改善嚴重精神病人所面臨的問題。

　　最後，控制空間和時間對於維持活泉之家取徑的效果至關重要。經過多年努力複製活泉之家模式的經驗，我們現在知道空間獨立性是工作社群模式實現會員復元目標的先決條件。它需要一個不受傳統心理健康實踐的規則、習慣所限制的空間。它需要會員和職員的新角色，以便他們可以在同理的情境中一起工作。具體而言，這樣一個地方需要獨立的董事會，完全致力於實現活泉之家培力會

員的長期使命。獨立的工作社群在他們自己的建築中，有著自己的名字及不受限制的未來，才能長出希望，並展現可持續的復元方法。

　　總而言之，活泉之家是一個有生命力的、人道的、基於優勢的、自願的、致力協作的工作社群，透過做出對社會正義的承諾，及覺察精神疾病所造成讓人難以體面做人的掙扎，來給予會員希望。為了實現其目標，活泉之家透過在常規工作小組方法論中納入被需要的需要、會員的選擇及協作式的工作人員與個案專業模式，將人類生活的主要（但正常）的面向──日常工作和社交娛樂──轉化為精神病人的社會福祉引擎。本書的第二部分探討了活泉之家的職員和其他人創建工作社群的策略和技巧──即**社會實踐**（*social practice*）的專業應用。

第二部

社會實踐

4
定義社會實踐

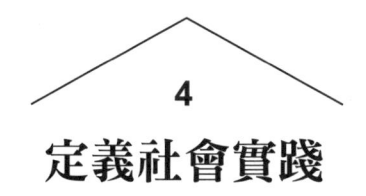

> 活泉之家是會員重新在社群中建立生活的義肢。
>
> —— John Beard

　　活泉之家的職員，正如其他從業人員一樣，上班時都在思考當天應該完成哪些事情。在星期二時，負責園藝的職員知道他們需要為活泉之家購買新鮮的花。如果肉品訂單沒有在前一天送到，那麼廚房的職員就必須另外想一套午餐菜單。行政組可能需要為了接下來的就業博覽會影印資料。在求職部門，被排定來陪伴會員前往就業服務處的職員，需要決定哪些事情必須在離開前就先準備好，而哪些可以留到隔天再完成。所有當天需要的東西，職員都必須負責並且計畫如何完成這些事情。

　　然而，活泉之家並不像是一般為達到生產目的來組織日常工作的營業場所。在活泉之家，工作本身不是目的。相反的，工作只是為了達到目的的手段，是用來協助受精神疾病所苦的會員復元的框架。雖然活泉之家看起來不像是一個心理健康機構，但職員知道，

他們日常工作的方式，對於會員的生活和復元有舉足輕重的影響。這便需要職員能夠在他們待完成的責任之外，注入一層額外考量，即如何組織工作日，以及工作所產生的與會員關係的品質。活泉之家作為一個工作社群，必須促使會員參與。會員必須感受到他們的參與是被需要的，而且他們有機會貢獻自己的力量，這些貢獻被組織認為是有意義且有價值的。在此前提下，職員藉由工作社群的組織，將活泉之家塑造成一個對於會員而言是人道、有意義、有社會連結，並且具備生產力的經驗。

　　John Beard 曾經描述活泉之家的功能是幫會員創造「義肢」，以重建他們在社群中的生活。為了實現他們的目標，會所期望職員把每天的任務當作不只是待組織的事務或需要完成的工作；更重要的是讓會員能夠在活泉之家的工作中，成為真正的合作者和付出者。每一天，活泉之家的職員都要把「**我**今天必須做些什麼？」的提問，改為「**我們**今天必須做些什麼？」或「我應該如何在今天的日程規劃中，提供會員一個深度參與的角色？」這是艱鉅的工作，通常被稱作是「肩並肩」的工作。

　　上述職員角色的用心，對於前來參觀活泉之家的人來說，並不總是很明顯。參觀者看見人們專注於各種活動，參與者看起來充滿自主性，沒有太過明顯的指示。這裡也沒有在大多數心理健康機構用來辨識專業人員和個案的外部標誌。沒有任何視覺上的標識用來

區分職員和會員,職員沒有制服或徽章,沒有獨立的辦公室,也沒有「職員限定」的午餐間或洗手間。這是故意設計的。John Beard 並沒有將活泉之家設計成僅僅是用來工作的場所。相反的,這個組織框架(他稱之為「日間方案」〔day program〕)刻意被規劃成一種工具,讓職員將每天的工作,打造成一個具有意義,並且有關係支持的環境。在這環境中,會員能感受到自己的價值被肯定,而且他們能在共同事業中,成為有建設性的參與者。Beard 曾經為一位困惑的影片製片人澄清他在活泉之家觀察到的現象:

> 最重要的是,活泉之家是一個過程。這是一個社會性的過程,而我們的工作是去挑出真正重要的事情。答案並不存在於「人們正在廚房工作」這樣的事實,也並不存在於「人們正在點心吧台、辦公室或在各處清潔環境」;修理物品或粉刷牆面——這些並不是答案。這些只不過是人們所存在的情境。所謂過程……是關乎於,來到我們門前的這些病人,具有一些能力可以提供。而且,對於他們的付出,我們有所需求。我們可以利用他們所提供的。我們讚賞、珍視這些付出的價值。因此,這才是病人能夠參與並且接受這些體驗的原因——他們是被需要的。因為我們尊重他們,讓他們也能建立自尊。這才是我們所想要發展的過程。(Propst, 1967, reel 13, track 40)

僅僅參與工作日的活動，並不能轉變會員在活泉之家的生活。相反地，會員的貢獻、交流的品質，以及完成這些過程後所得到的認可，才是關鍵。一個對於會所有相當洞察的作者，Vorspan（2000）解釋了活泉之家的做法，是如何在日常但真實的人際交流與對話互動中發揮作用：

> 工作本身沒有療癒效果……具有療癒效果的，是會所職員在需要會員的脈絡中與他們相遇，職員看穿這個會員躲藏其下的「殼」，並且試圖去尋找躲在殼下的人，無論會員多努力地想把自己藏起來，或讓自己不可觸及。因為還有真實、艱鉅的工作需要完成，職員別無他法，只能試圖去連結會員內在充滿生機、健康，並且帶有希望的部分，無論這個會員本身是否意識到這個部分的自己仍然存在。（p. 35）

將事務轉換成精神復元的工具，是活泉之家職員的主要工作。這要求職員要在會員參與活泉之家營運的不可或缺性，和會員自主選擇是否與如何參與之間取得平衡。換句話說，我們將支持會員復元的基本要素──參與社群活動──同時視為必須和自願的。用來解決這個挑戰的框架，是創造一個機會豐富以及具有關係支持性的

社會生態。為了吸引會員參與，活泉之家的工作社群本質上是而且必須要是溫馨好客的、尊重選擇的、具有意義的、優勢導向的。想要建立這樣的框架，需要「社會實踐者」高度技巧性的專業。在接下來的章節中，我們會解釋該如何用首創於活泉之家的「肩並肩」的方式完成這樣的構想，在此我們稱為「**社會實踐**」。[1]

社會實踐作為一種專業

活泉之家的社工和其他專業人士用一樣的方法，來建立他們的專業認可和公眾身分。當他們因為擔負責任而博得尊重時，所有的專業工作者，無論是老師、工程師、都市規劃師或社工，都被與生俱來的人類理想及核心價值所引導；這一套核心價值結合了嚴格的行動原則和能力。相同的，活泉之家的職員將其遠大理想實現的最終導因與界定其專業知識的有效技術互相結合起來。

首先，活泉之家社會實踐是以社會正義的理想為中心；社會正義在專業社工實踐中佔有主導地位，並且為實務工作者賦予能量。當醫療專業致力於治癒疾病、教師從學生的學習成就中獲得個人滿足感時，社會工作者則因為促進社會正義的強烈使命而充滿活力。社會正義被定義為「一個理想的狀態，在其中，社會上的所有成員擁有相同的權利、保障、機會、義務以及社會福利。」（Finn &

Jacobson, 2008）這是社會工作者在《社會工作倫理守則》（National Association of Social Workers, 2008）中的核心倫理價值原則之一。顯而易見的，Beard 和早期同事創建的活泉之家深植於社會正義：他們要保證活泉之家的會員不會因為精神疾病診斷而被拒絕進入就業市場並獲得有意義的工作、日常生活環境，或各種人際關係。為此，Beard 常會引用其母親的格言：「該怎麼做就怎麼做」。同樣的，對於社會正義的使命，指引著職員和會員的日常活動。

「**實踐**」一詞指的是專業人士在他們關注的領域內，所採用的信念、認知、方法以及個案所期望的解決方案。身為社會實踐者，活泉之家的職員必須熟練使用一系列技能，包含促進工作社群社會生態的策略（例如共同決策），以及支持會員追求個人復元的關係能力（例如教練）。在活泉之家，對社會實踐技能組成的進一步界定，是通過實踐懷疑論與創新的基本價值觀，以實現 Schon（1983）關於以行動為導向、解決問題的「反思實踐者」（reflective practitioner）願景。

社會實踐的特性

重要的是，即使倫理上積極追求社會正義，活泉之家的職員不是照本宣科的理論家，以為有現成的確切步驟可以組織工作日，按

著步驟就可以形成有意義且具關係支持性的工作社群。職員認識到，對於必定出現的意外情境和緊急事件，不存在有標準步驟的食譜式解決方案。這並不是說社會實踐沒有理論根據。無疑的，活泉之家的實踐廣泛地根植於 Beard 在 Eloise 時期產生的原創洞見。然而，理論概念是用來幫助達成活泉之家的目標，即會員的社會復元（social recovery）。實現目標的策略需要經過審視和判斷，以達到預期的效果。在此意義上，理論是實踐的助產士。理論使人理解並開放於實踐的可能性，但理論無法主宰可能性；各種可能的有效性是由經驗和研究所證成。Beard 所建造的活泉之家畢竟是出自親力親為的實務家，而非組織理論家。

John Beard 相當清楚他工作中的這個面向。每當他受邀去闡述活泉之家的性質，他總是邀請會員分享他們的生命故事來開場。這些故事無一例外，總是關於活泉之家如何影響會員**翻轉**生命、就業、遠離住院的能力。Beard 知道，活泉之家對其會員產生了轉化性的影響，他一直希望他的聽眾牢記：他的最終目標是創造一個支持會員復元的環境。所以，他評估任何在活泉之家發生的事情，都是以促成會員融入社會的使命為依歸。Beard 在自己心目中是一名社會工作者。他形容活泉之家的功能為創造「義肢」，供會員重新建立他們在社群中的生活。在活泉之家中，他只支持那些有效且有正面影響的實踐。

作為有志於會員復元的社會實踐家，職員總是對改良與創新保持開放。Glazer（1974）觀察到社會工作專業的特性為具有彈性的目標、可變換脈絡的實踐，以及無固定內容的專業知識。因為觀念一直在變動，適應和創新對於生存來說是生存的關鍵。要穿越心理健康服務體系的地雷區，需要富有創造性的思維。在這方面，Beard是一位傑出的社會創新者。他的標誌性成就至今仍然是一種獨創性的典範——即作為工作社群的活泉之家；在其中，日常活動產生的正常關係，為受苦於精神疾病的人創造了治療條件。活泉之家延續了這種探究和創新的傳統：作為一個社會合作社，活泉畫廊促進活泉之家藝術家作品的銷售。通過其支持教育計畫，就讀大學且成功畢業的會員比例，是參與全國支持性教育計畫的精神疾病者平均人數的兩倍多（Madison & Maltz, 2012）。

　　Beard智慧遺產的最後一個面向，是持續期望職員在他們的工作中保持反思的態度。Beard定期提交他的工作成果供人審視，以獲得回饋。當他構思活泉之家的計畫和服務時，他堅持不懈地審查這些服務是不是有效工具，能讓職員與會員建立有意義的關係。在每天下午的工作日會議上，Beard討論接納、對會員優勢的關注（迴避病理，不再強調過去）、選擇、創造連續的正面經驗，以及獎勵健康的行為等概念。他從AGT那裡衍生了這些實踐，並不斷將其傳承給其他人，以便獲得可續用或需要修正等回饋意見。時至今日，職員繼

續這種做法，採用了一種稱為「最佳實踐」（best practices）的本土的問題解決方法。

活泉之家定期使用圓桌會議作為職員工作指引的論壇。在最佳實踐論壇中，會員和職員定期舉行會議，以解決緊急事件或實作問題。這樣做的目的是堅持情境的教學法，根據職員工作經歷中自然產生的問題進行討論。這樣的架構提供了反思實踐的機會，可以隨時訪問經驗豐富的教練，包括在場的會員也被期待提供回饋。大多數問題的解決方案很少由正式的會所政策、指引或準則決定。相反的是，他們的解決方案是通過應用洞察力和常識概念，即「最佳實踐」來實現的，這些「最佳實踐」是由團隊中經驗豐富的人經年累月蒐集而成。因此，會員和職員之間不斷直接對話能夠產生對於行動的務實理解。

「最佳實踐」不應該跟傳統心理健康體系中的個案討論會互相混淆。最佳實踐的目標聚焦在真實情境中出現的迫切需要。最佳實踐的討論是關於職員要做的事情，而不是針對個別會員的行為做出的任何決定或行動。因此，最佳實踐為持續的專業問題解決和發展成長提供了脈絡性架構。

總而言之，雖然活泉之家的職員可能看起來不同於心理健康機構中會有的慣常角色（並且因其活動的平凡性，可能會被誤認為是不專業的），活泉職員的實踐保留了社會工作中促進社會正義的基本

願景,並需要具備高階技能和專業的挑戰,從而產生創新和具反思性的績效。

現今的社會實踐

自與 Beard 一起度過的那些早期令人振奮的日子以來,活泉之家的實踐已經大有進展。雖然我們針對職員角色保留了不可缺少的簡單要求,但現在我們更清楚職員如何讓會員參與富有意義且具有關係支持性的工作社群。目前通用的兩種策略是現今活泉之家社會實踐的特質。

第一個策略是轉化性設計(transformational design),它是職員在轉化當前環境結構時所採用的技能和知識。我們稱之為轉化性設計,因為它涉及主動重新設計會員日常的社會環境。事實上,活泉之家將日常工作的標準流程轉化成一個社會環境,在此環境中會員有歸屬感,且相信他們即使有精神疾病,仍可以做出有意義的貢獻。最終,轉化性設計在工作場所的結構中引入了一種促進會員參與和培力(empowerment)的動力。此外,作為這種做法的延伸,活泉之家的職員試圖消除就業阻礙和其他形式的社會隔離,這些阻礙與隔離是因會員的疾病而在更廣泛社會中產生的;並協助會員利用會所以外的方案,諸如健康維護和保健、教育、就業和社交娛樂等

領域。轉化性設計實際上通過重新設計會員日常工作的環境，來實現復元的目標，以便精神病人能夠再次在社會中生活和茁壯。

第二個策略是動機教練（motivational coaching），它是關於職員如何與活泉之家會員建立一對一的重要（significant）關係的方式。動機教練包括接觸孤立的會員並培養重要關係，以幫助他們面對風險承擔、恐懼和焦慮所引發的議題。使用教練的形式是為了在過程中尊重會員的能動性、尊嚴和選擇。

在接下來的章節中，我們將討論這些策略，並探討什麼情況需要應用它們、職員在執行時所需的態度和技能，以及他們在復元典範中的預期目的和結果。行文至此，我們至少可以說：活泉之家的所有職員都被期待成為轉化性設計師和動機教練。這兩項職能對於在活泉之家任職都是不可或缺的，並形成了職員角色的互補面向。就像同一個房間有多個入口一樣，這兩者對於促進會員參與社群活動，以及建立支持會員復元的工作社群，都是必要的。但是，個別職員在履行這些職責的程度上可能會有所不同。

在各部門中工作的第一線職員，應同時通過與會員建立重要的支持關係，在轉化性設計中發揮作用。而部門中的一些職員可能更擅長職位的某些面向。舉例來說，某些職員的專長是科技工具或就業開發，所以他們在轉化性設計方面的職能較突出。有時這些職員會在計畫和解釋工作方面參與更多，而較少發展一對一關係。另一

方面，在資源領域工作的行政職員主要是發揮轉化性設計師的職能，藉由促進會員參與募款、人力資源、財務等領域活動，或組建委員會、任務小組等，來發揮轉化性設計師的作用。因為他們的訓練和專長不是社工，所以他們只執行最低限度的動機教練。總之，所有活泉之家的職員都會運用轉化性設計和動機教練這兩個主要工作職能，只是每個職員運用的強度不一樣。

會員和其他人作為社會實踐者

值得注意的是，轉化性設計和動機教練的技能並不限於職員擁有。任何活泉之家的社群成員，皆可獲得和練習這些領域的技能，特別是會員能夠藉由承擔這些責任為其復元鋪路。但是為了方便解釋，在此我們將焦點放在活泉之家職員的角色，在接下來的討論和舉例中主要是針對職員。當我們在後面的章節中鋪陳社會實踐互補的兩面向（轉化性設計和動機教練）時，我們充分認知到這些技能的應用並不是職員的專利。我們也知道，我們所討論的，在專業實踐中是相對上還在孕育、需要持續發展的領域。綜上，我們希望讀者將我們的最新領悟，看作是可重塑和擴展的闡述。我們將這些領悟當作是對心理健康領域或社會、組織發展工作者進一步反思和創新的邀請。

5
轉化性設計

媒介即信息（The medium is the message）。

—— Marshall McLuhan

　　到 1962 年，活泉之家的舊建築已無法容納不斷增加的會員。建立更大、更新會所的時機已經成熟。John Beard 監督工程的每一個面向。他定期檢視藍圖，並對藍圖的細節規格做出重要的貢獻。Beard 希望創造出一個讓參與的會員能夠感到驕傲的去機構化環境外觀。然而，僅僅將建築樣貌去機構化是不夠的。Beard 的環境設計也以最重要的復元目的為指導原則。Beard 很清楚，復元並不單來自工作日的活動本身。正如第 4 章中受訪者的回答所表明的，是這些活動產生的社會過程，即會員和職員一起工作的過程，提供了一種手段，或說一個義肢，來支持復元。因此，在建造新大樓時，Beard 力求加入能夠吸引會員興趣，並促進會員和職員間相互尊重、互助合作的元素。例如，他刻意為新建築設計了沒有大面積食物儲存空間的廚房。會員和職員不依賴外人送貨，而是必須每天外出購買當天所需

的食材。通過這種方式，他將準備食物等日常活動，轉化為有意義的共同任務。

在整個施工過程中，Beard 堅信結構起活泉之家的建築架構所傳遞的訊息，住在這裡的人的社交來往的前提，深受築起牆面的水泥所布局。就像他曾引用的 McLuhan 格言：「不論你創造什麼⋯⋯都會傳遞它自己。」（Prospt, 1967）因此，Beard 著手設計具有多面向的新建築，為會員提供機會，使之得以用平凡但有價值的方式為會所運作貢獻，也為會員和職員間的互動和個人交流提供契機。

Beard 對細節的關注令人津津樂道。電話總機不是自動化的，而是設計來給會員操作。固定在門底部的黃銅踢板點綴了門面，同時提供了一個有用的工作機會，因為它必須定期拋光。為了營造迎人的環境，園藝部門的會員和職員每週購買和展示鮮花。職員要有效地與會員合作，必須將這些社會過程盡可能的轉化為開放且令人安心。職員角色的這一面向，稱為轉化性設計，即本章的主題。

我們在這裡使用「**轉化性**」這一術語的重點是針對環境的文化（Schein, 1985）和結構，這個環境支持個人動機、培力和改變。作為轉化性設計師，職員關注的是如何架構會所的活動（而不是對會員進行一對一的介入，這是動機教練的重點，在第 6 章中討論）。轉化性設計通過應用工作社群的基本原則，使活動易於參與且具關係支持性，包括（1）實施工作日框架，使活動是真實且有意義的（而

非模擬性的治療);(2)融入被需要的需要;(3)尊重和促進會員選擇;(4)在規劃和實施各種任務和活動時培養肩並肩關係。

在這方面,轉化性設計代表專業社會工作所特有的「**人在環境中**」(*person-in-environment*)的觀點(Council on Social Work Education, 2008; Kemp, Whittaker, & Tracy 1997; Kondrat, 2008)。從「人在環境中」的觀點來看,改變大眾印象和社會結構至關重要。正如20世紀社會工作者為新移民到美國組織睦鄰之家(settlement house)一樣,「人在環境中」的取徑假設移民生活的社會和經濟環境阻礙了他們成功發揮功能。睦鄰之家社會工作者替移民提倡公共服務,反對有損於他們生活潛力的政治或經濟政策。根據 Sheafor 和 Horejsi(2006)的觀點,「關注當下和將來的環境因素,是履行社會工作使命的核心。」(p. 9)這種對「社會條件對個體的影響」的關注,持續將社會工作與其他助人職業區分開來,而且是活泉之家社會實踐的指標。

在本章中,我們將探討轉化性設計的實踐如何轉變日常社會過程,以便使會員確信他們有所歸屬,不再感到被排除。相反的,他們甚至可以做出有意義的貢獻。我們還將考量職員需要哪些技能,以創造開放和富激勵性的條件,減輕精神疾病相關的社會污名。在這方面,我們將探索活泉之家工作社群的主要結構範疇,這些範疇最直接涉及轉化性設計:共同決策(shared decision making)、組織

事業（organizing the enterprise）和倡議（advocacy）。我們將藉著解釋這些社會過程對支持會員復元總體目標的重要性，來討論以上的範疇，我們亦推薦那些活泉之家已經發現有助於會員成功參與的技術，例如共識決或建立模範（modeling）。無論手頭上的任務是什麼，活泉之家的職員都應架構活動，以便所有人都能參與，並促進參與和任務成功。具體而言，職員應當將自己視為會員的同事，並邀請會員發揮才能，同時尊重會員選擇如何承擔會所營運責任。因此，我們期望職員作為社會建築師，將 Beard 在西 47 街設計實體建築時所欲努力實現的目標，複製成會員日常中的社會建築。實際上，這意味著所有職員都必須實踐轉化性設計的任務。無論是主管、為會員提供直接服務的部門職員，還是秘書或會計等輔助職員，他或她都應主動將工作空間設計為歡迎會員參與的環境。即使在新會員入會、招聘、培訓或評估職員、募款、公共關係以及計畫有效性評估等傳統的行政和職員活動中，活泉之家的會員也要可以積極貢獻自己的才能。

共識：共同領導決策

共同領導決策（shared leadership in decision making）是將社會環境轉化為合作工作社群的有力工具。最低限度可能只是使決策的來

源和過程變得透明,特別是當董事會、主管,或活泉之家社群內的個人或職員做出單方面決定時。然而,更常見的是,共同領導決策是藉由促進對共同目標的共識來實現。

在活泉之家,共識奠定了工作社群的基礎,能尊重和促進會員作選擇。它也是一種特別適合應用在會所的技術,因為它鼓勵合作的價值,而合作是我們社群的標誌。實際上,經由共識進行共同決策的做法,通過尋求參與者對特定行動方案主張的共同認可,為集體成就奠定了基礎。它通過追求實現集體行動方案過程中所需要的妥協和同意,並在不疏遠少數反對意見的情況下處理這些反對意見,來推動所有利益攸關方的參與。它避免了投票造成的分裂,不致於將團體分為贏家和輸家,或者分為專制領導中的「我們」與「他們」。總之,共同決策可促進形成一個充滿活力的團體,在社群中,可以觀察到會員和職員肩並肩地為組織的任務和目標做出計畫和貢獻。

此外,共同決策會產生更適合社群的解決方案。共識是一種有效的小組學習工具,可以匯集想法,產生洞見,並分析最初目標和結果相關的成敗得失。Kevin Bradly 是一位經驗豐富的會所主管,他一針見血的指出許多人對共識決的感想:「透過社群一起做出的決策,其品質和深思熟慮優於我在辦公室獨自完成的決策。」(Bradly, 1995)

在活泉之家,共同領導的原則是在每日上、下午的部門會議中

成為常規的。紐約市著名市長 Rudy Giuliani 常提到晨會在解決當天問題上的重要性。像 Giuliani 的晨會一樣，活泉之家的部門會議類似於當天活動的規劃。部門會議是討論當天職責的地方，決定特定項目將如何準備，以及由誰準備。在部門會議中可以澄清任務的重要性，以及任務如何與小組目標和更廣泛的組織目標產生關聯。在這些會議上，還制定了關懷缺席會員的計畫，擴展社群中其他人對部門服務的取得和利用，並組織與其他活動小組的合作。實際上，活泉之家會員藉由這些日常會議而參與了更廣泛的會所營運決策。而且，在這個「選擇」對會員復元來說至關重要的地方，部門會議為會員提供了選擇自己如何貢獻的機會，這對於在復元過程中獲得培力是重要的。因此，每日會議為會員提供了一個框架，使他們能夠在嘗試達成復元時，實現自己的意義和目的，從而也可以實現自己的認同感。正如 Deci（1995）所表達的，「選擇是自決（self-determination）和真誠（authenticity）的關鍵。」（p. 10）在活泉之家的各個工作小組的會議中，每天都會反覆實現生活的這個面向。

　　部門會議也是「初級團體」（primary group）動力（Cooley, 1909），以及成員如何在團體中成為夥伴的一個好例子。通常，初級團體是小型社交團體（例如，家庭或社交俱樂部），其特徵是面對面的交流和合作，並且藉由共享活動和參與者彼此關懷，來維持長久關係。這些團體內部的溝通在完成工作和建立關係的必要性之間來

回切換。部門會議促進了這種多樣化的交流。團體內部的團結感，是藉由「被需要」去完成工作、有權選擇自己的參與程度，以及共享決策過程而產生。團體支持會員獲得經驗和承擔風險。部門會議上也會表彰代表社群所完成的工作，分享個人訊息進一步加強了團結感，藉由成為公告平台來促進團體的連結感。在這些會議中，會員和職員分享故事，揭示他們希望團體知道的個人興趣或資訊，例如他們喜歡的電影，或者週末的一段經歷。因此，部門會議賦予了歸屬感，即 Cooley 所談的「『我們』的感覺」，能重新帶來個人認同、關係性和成就感。

在採用日常部門會議的實踐時，活泉之家充分利用小型社會團體溝通的動力。在部門會議中，個人生產力和社會融合的宏大社會福利目標，第一次在會員的個人生活中實現。因此，通過會所營運中廣泛運用的每日部門會議共識取徑，有助於個體自我效能的發展，同時亦有助於提高組織的共同利益。負責轉化性設計的職員應該精通開會和討論的技巧。職員技能必須包括傾聽、用心思量、同理、鼓舞人心的幹勁，以及識別出色工作的能力。引導合作性事務（在其中引導是指引方向而不是操縱或獨裁）的取徑，需要職員一方面對其工作成果負責，另一方面不控制過程。看著熟練的共同決策執行者是令人興奮的，因為他們為一項工作注入了明顯的活力，並透過合作產生共同擁有會所的感覺。他們展現了清晰的溝通、根據

目標達成協議的技能以及個人的真誠。共同領導也讓我們看到社會正義是如何在平凡的日常會議中實現，能確保精神病人不會因為診斷結果或某種功能水平而被剝奪管理組織基本活動的機會——討論組織當前和未來的目標。歸根究柢，正是這種對共同決策的重視和實踐，加上對會員責任的期望，體現了對會員的尊重，增強了他們的自主行動能力，促進了他們在復元過程中的成長。

組織每日事業

作為一個工作社群，活泉之家通過提供居住、就業和教育等社群支持服務來滿足個別會員的需求。正如一位長期的會所工作者 Waters（1992）解釋道：

> 任何會所的會員和職員所做的工作，應該由該會所會員的需求自然而然地產生。從更基本的角度來看，會所的工作應該基於協助人們滿足他們的基本需求；例如被需要的需要；從食物、住所，到接受和認可，到就業和人際關係的需要。如果我們圍繞「發展滿足人們基本需求的環境」此核心思想來建立我們的會所，那麼我們在會所中為建立這些環境所做的工作就應該是有意義的。（p. 43）

同時，維持組織日常運作的系統也很重要，例如數據收集、訊息交流和提供餐飲。活泉之家的部門架構反映了社群的雙重需求。一些部門致力於滿足會員對教育、健康或就業需求的期望，以支持會員在社會中順利生活；其他部門則通過準備食物（餐飲部門）、為了報告的目的而整理統計數據（研究部門）以及處理訊息交流（文書部門）來促成會所的運作。

每一個活動團體或部門都具有自己的生命，並且在會員和職員合作的特定空間內發揮作用。這些活動藉由確定目標、組織工作流程、分析失敗和慶祝成功，來處理任何任務的日常組織架構。每天，職員在塑造、運作和完成這些不同活動團體的任務上，發揮策略性功能。就像電影中的導演（安排場景、與演員對台詞、宣布休息時間）一樣，轉化性設計需要通過確定活動目的、拆解工作流程、示範如何執行個別任務（即建立模範）來組織這些團體的社會結構，以使它們更易於上手，並慶祝成功。在這個過程中，活泉之家的轉化性設計反映了自我效能感發展的四個主要來源，Bandura（1997）認為這是一個人影響和決定自己生命歷程的關鍵能力因素。

工作社群與自我效能

Albert Bandura 是認知心理學和行動哲學領域的主要當代理論

家。他採用能動性的觀點，將個人視為能自我組織、積極主動，並能夠改變自己的生活條件。自我效能感，即人們如何看待自己影響外部環境的能力，是他理論的核心。它的功能影響一個人生活的全面；從影響一個人自我概念的形成，到塑造一個人如何根據目標做出選擇，以及如何面對挑戰或詮釋失敗經驗。Bandura（1997）指出，「效能信念（efficacy beliefs）能調節願望；選擇行為途徑；動員；維持努力以及情緒反應。」（p. 4）最終，像 Bandura 這樣的心理學家斷言，自我效能的提高有助於促進一個人過更富有成效和幸福生活的能力。

Bandura 指出了四種促進這種自我效能感的刺激：實際經驗（actual experience）、建立模範（modeling）、社會說服（social persuasion）以及個人身心因素。在接下來小節中，我們將描述職員和其他人在組織當天的工作時，如何藉由關注這些觸發因素，將環境重新定義為一個具吸引人與支持性的場所，在其中會員可以採取行動，甚至考慮承擔風險。我們在這裡的討論側重於激發會員參與會所的動力的策略。在整個過程中，我們將探索轉化性設計中所需要的任務和技能，如何能夠支持那些曾經被精神疾病阻礙的會員，去渴望在社群中重新獲得自己的位置。

解構工作流程

在建構工作社群來支持會員參與貢獻時，我們知道有些會員會每天來，有些只來一天當中某些時段，有些則偶爾才來。因此，至關重要的是，活泉之家的結構能配合會員，並且能接納那些只在一天中某些時段出現的會員，或者是只在某幾天來的會員。工作社群的安排絕不能貶低那些沒有定期參加的人，或者將會員出席不穩定解釋為不夠投入或沒有決心。相反的，組織的文化應該承認這樣的選擇背後代表的價值——即會員們正在為自己的心理健康擔負起責任，並打造自己的復元之路。職員必須支持會員選擇，並歡迎他們參與和貢獻。

因此，在會員可以自由決定出席與否的情況下，轉化性設計在組織團隊工作時會考慮到某些結構性現實。間歇性出席代表工作必須被分解為好幾部分。這種做法可以保證任務的連續性，使會員即使中途加入，也可以進入活動流程，並輕鬆掌握如何工作。這種做法也彰顯了會員的選擇在活泉之家是被深深尊重的：沒有會員會因為工作已經開始而被排除在外。由於出席不規律的可能性，工作部門經常有工作說明表，作為視覺輔助工具，用來指引工作的步驟（Kaufman, 2002）。工作說明表可以整理在活頁夾中以供參考，也可以張貼在牆上，以供每個人閱讀。這種事前準備擴大了任務的可近

性,而不限於那些規律出席者,正如 Kaufman 所指出的:「如果只有少數人知道大部分的事情,工作就無法讓人人都能接觸跟運用。」(p. 68)相反的,活泉之家的部門在增進工作可近性的工作資訊指引方面富有想像力。部門通常有開放區域用於規劃,並有大型白板列出當天所有工作任務,後面寫上負責個別任務的人員姓名。他們為各種工作分配不同的空間,任務白板和文件櫃有系統地組織各工作主題區域。這些部門在牆上列出的「工作中」、「就學中」、「外展」等項目中移動各個會員的相片,引人注目地顯示部門會員的現況,以便保持適當的聯繫。以此方式,這些部門利用可見空間來宣傳工作,並開放給會員選擇。

活泉之家的職員需要知道如何分解日常工作,以及如何巧妙地傳達這些資訊。這種事前準備的重要性不容小覷。Bandura(1997)認為,經驗(即活躍的成就〔enactive attainment〕)是決定一個人自我效能感的最重要因素;它提供「人是否可以不惜一切代價取得成功的最真實證據」(p. 80)。如果把活動分解成不同的組合部分,則會員可以學習工作的各個部分,並在準備好時從一個階段進入到下一個階段。這種漸進式學習的經驗,能夠培養自我效能感。將任務分解為漸進步驟,可以讓會員獲得學習機會,也能漸進學習。對於因先前的失敗經驗而抑制了行動動機的人而言,取得成就的可能性成為現實。因此,解構工作是職員手中的工具之一,用於將正常的

人類活動轉化為具社會支持性的活動。

在活泉之家，多元的工作機會是另一個關鍵，它為自我評價和漸進式的成功經驗打開了大門。活泉之家所有的活動、會議都有公開的性質，參與者互動和行動的自由無所不在，為積極主動獲得成功創造了許多不同的機會，這些機會在心理健康機構中是很少見的。正如 Jackson（2001）觀察受精神疾病所苦者：「由於疾病影響了思考、情感和行為，他們在心理上受到隔離；此外，他們在社會上也被隔離，遠離了日常工作經歷和社會關係。作為醫院或機構中的病人或個案，個人很少有機會獲得正面的自我評價。」（p. 63）相反的，在工作社群中，會員的貢獻意願為自我效能的發展提供了廣泛的機會。

建立模範

以會員參與為目標，必須確保那些不知道在特定情況下該做什麼的人，能夠獲得參與所需的資源。在這方面，缺乏知識和必要技能是參與的結構性障礙，需要重視。每當會員因為缺乏必要技能導致猶豫或退出，必須有豐富經驗的教師來指導如何完成從一般到困難的工作。

因此，教學能力是轉化性設計的一個重要層面。同樣根據

Bandura（1997）的觀點，「當觀察者需要學習很多東西，且示範者可以透過示範技巧和策略來教授他們時，示範能力是一個特別有影響力的因素。」（p. 101）正是出於這個原因，活泉之家希望職員和其他人成為教學者，成為鼓舞人心的楷模，支持工作小組獲得成功，並激勵會員實現超出他們想像的成就。

「建立模範」（從會員的角度來看，即是替代經驗〔vicarious experience〕）包含示範如何處理特定任務或社會情境。在最基本的層面上，如果建立模範要成功，教學者必須知道完成任務所需的所有工具性資訊。會員可能不確定自己的工作能力，或是實際上這個任務是否可行，這時有人必須有能力並準備好向會員示範。他們必須能夠向他人解釋工作流程，並指出成功完成任務所需的表現水準。會員需要瞭解他們將使用的工具，職員和其他人應該準備好教他們如何使用和保養這些工具。

相反的，未能提供這些資訊，可能會對會員與團體之間的團結意識產生負面影響。當目標不明確、績效標準不清晰時，會產生不利因素，因為這意味著參與者沒有任何依據來瞭解需要努力的程度、持續時間，以及如何發現或糾正錯誤。不明確的任務變得不重要，也就沒有動力激勵參與或提高自尊。瞭解事務的目標及其相關價值、意義，可激發會員有效行動。相反的，如果某個活動的意義或重要性模糊不清，都傳達出一種普遍缺乏關注或關懷的訊息，會

員很容易將其轉化為缺乏「對我的關注」。最終，沒有適當指引的會員可能什麼都不做，或只是零星完成部分任務，甚至不出現。這種結果對會員和社群來說都是失敗的。

活泉之家（Fountain House）是一片充滿模範機會的沃土，因為根據 Bandura 的理論，會員的數量越多、活動的範圍越廣，模範的機會也越多。[1] 只要看看每天工作分配的白板，就能感受到會員可以參與的選擇是多麼廣泛和多樣化。白板上的任務包括帶領房屋參觀、主持部門會議、拍攝照片、用電腦搜尋、前往高地（High Point）參加為羊駝注射疫苗的活動、照料黃瓜、接聽電話、在房子各處進行採訪並撰寫報紙文章、組織倡導活動、學習水耕栽培、重新粉刷房間、更換燒壞的燈泡、參加街區會議、進行工作搜尋、架設一個網站、掌握醫療補助規則等。這個清單是無止境的。由於活泉之家的活動立基於各種工作角色和廣泛的社會互動，這裡有著豐富的模範機會，滿足了 Bandura 所倡導的數量和多樣性對模範有效性的需求。同樣，會員們達成自我價值感和自我效能感的積極結果的可能性也增加了。

Bandura 認為，模範在改變行為方面的效果是一種自我評估相比較的副產品。有很多因素會影響一個人對相似性的判斷。那些在能力上與自己相似或略高的人提供了強大且相關的模範機會。年齡、性別、教育程度、外顯的症狀、住院史等因素都是模範的影響因

素，即使它們並不是真正的成功指標。然而，如果一個會員看到同一工作團隊中的另一位會員取得成功，即使這兩個會員的特徵大相徑庭，也能增強自我效能感並激勵其參與的動力。

例如，當活泉之家的一個會員看到另一個會員完成某項活動時，便會想：「如果他／她能做到，那我也能做到。」當會員們看到其他會員完成任務時，他們的自我效能感和改變自身行為、承擔更多風險的可能性會增加，特別是當會員認為這個人與自己相似時。正如 Bandura（1997）所指出的，「看到或想像與自己相似的人成功完成任務通常會提高觀察者的效能信念，使其認為自己也有能力掌握類似的活動。」（p. 87）

更重要的是，會員作為其他會員的榜樣，這一事實可以被職員戰略性地利用，以最大限度地提高會員的自我效能感。職員可以採取策略，將會員作為模範。例如，當一個會員作為學術輔導員或在工作活動中教導另一個會員時，這兩個會員的合作身分足以產生積極影響。或者，將一個在某項活動中表現出色的會員（如帶領參觀導覽）與一個希望學習該活動的會員配對，則該會員掌握該任務技能的可能性會增加。一位名叫 Vivian 的會員，對她在活泉之家經營的遠端學習學院（distance-learning college）中擔任教師的工作感到特別自豪，她在 2012 年 8 月 18 日的一封電子郵件中這樣表達：

我在 2001 年退休後回來，當時我因為身體狀況不佳而提前退休。我擁有社會學學士學位和圖書館學碩士學位。對我來說，在退休後做些有意義的事情非常重要。我職業生涯的最後十年是一名兒童圖書館員。我並不總是與其他員工相處融洽，但孩子們非常喜歡我，我也同樣喜歡他們。我為他們舉辦了各種活動。成為活泉之家的會員幾年後，我被邀請教授一門人類學的衛星課程。我同意了，但在課程開始前一週，我退出了。我以為那將是我最後一次擁有這樣的機會。但這不是活泉之家的方式。在我的自信心恢復後，我再次受邀授課。我認為這是莫大的榮譽。

我的第一堂課有四個學生。其中一位是因病而放棄學術生涯的前傅爾布萊特學者（Fulbright scholar）。其他三位是曾經上過大學的年輕人，他們希望獲得三個學分，並同時提高學習技能以重返大學。我告訴班上的學生，我會研讀教材並向他們介紹，但我不是人類學家，所以如果我無法回答他們的問題，不應感到驚訝。我鼓勵班級討論，並盡量使其像我記憶中的大學課程。我們進行了班級旅行，參觀了移民博物館、達爾文展覽和艾利斯島。我注意到學生們給我留了些空間（off the hook），我也對他們做了同樣的

事。我們還去了圖書館，為期末論文進行研究。這是一個儘量不讓人焦慮的大學課程。我很高興看到我的一名學生獲得了學士學位，另外兩名學生重返大學，還有兩名學生自己也成為了衛星學院的教師。我的臥室牆上掛著一張感謝我的教學工作的感謝證書。

會員模範不僅對接收資訊的人有好處。教師的角色使 Vivian 在評估自己對學生自信心提升和成功的影響時，得以保持自尊，並感到自己有價值，儘管她的年紀已大。實際上，活泉之家的會員在各種不同的環境中彼此接觸——白天在工作活動小組中工作、晚上或假日期間進行社交、參與特殊活動、參加過渡性就業，還有在無數其他計畫或委員會會議上。對於那些患有精神疾病的人來說，這樣普遍的機會對於工作的成功具有重要的意義，也是比其他精神健康設施更具恢復潛力的原因之一。

雖然建立模範是活泉之家社群之所以如此有效的一部分原因，但它常常成為人們，尤其是社會工作中的專業教育者普遍誤解、誤判活泉實際情況的根源。例如，當教授聽到他們在活泉之家實習的研究生描述他們當天的經歷是「為植物澆水」或「操作 Hobart 工業洗碗機」時，他們會有意見。這不是他們培育研究生的目的。不幸的是，在這些案例中，教授和他們的學生都忽略了發生在活泉之家

的事情的意義。他們一窩蜂地根據表面判斷，忽略了活動背後內在涵義，即實習生在活動中培養會員自我效能感的基本策略。Bandura（1997）解釋道：

> 要調整人對動機和行動的認知，需要讓他們對目標有所瞭解，並對他們正在做的事情提供回饋。如果他們沒有特定目標，或者他們無法監測自己的表現，他們就不知道要採用什麼技能、花費多少努力、維持多久，以及何時對他們的策略進行調整。（p. 66）

活泉之家的實習生和其他人扮演建立模範的角色，為會員提供他們所需的資訊，以免他們失去興趣。我們認為，即使為最簡單的任務建立模範，這些角色也具有顯著的影響，可以對會員產生建設性的結果，並促進其復元。

建立模範時對相關性的認知所產生的效益

為了有效地進行轉化性設計，活泉之家的職員不僅要有足夠的知識和技能來完成各種工作。在活泉之家，對任務目標的定義不可侷限於這些活動的工具性質。例如單單以「校對報紙是為了讓人們

能夠理解所寫的內容」或者「安排一個澆水的工作人員是為了讓花兒不會枯萎」來定義目標是不夠的。即使在會員自認有能力完成工作的情況下，當工作失去社會效益——即工作對他們個人的意義——他們也可能會完全沒有動力。因此，對效益的定義，要將任務的含義從如何工作到為什麼工作，擴展到其社會效益。職員必須敞開大門，讓大家看見活泉之家作為一個致力幫助會員復元和融入社會的事業，其所內蘊的激勵性價值，以及每個會員的參與如何有助實現目標。每一件事務都是達成前述目標的機會，讓大家明白會員的參與如何能對目標有所貢獻。因此，每個工作小組的責任之一，就是通過把具體任務與它們對社群中的個人所產生的明顯影響關聯起來，確立其社會目標或宗旨。由於活泉之家任何活動或服務的完成都取決於其執行者的相關性，因此投入者（即會員）的心目中，必須認知到此相關性。

在活泉之家的文化中，經濟誘因或消費者對產品與服務的需求都不是行動的驅力，滿足其他會員的可見需求才是工作的意義和會員的動力。能夠即時幫助那些站在你面前的人，可以提供情境的意義，和誘發幫助者的動機。「你能為我做這件事嗎？」「你能幫助她嗎？」這些是部門中常聽到的請求。會員們敏銳地意識到他們的行動結果可以使其他會員受益。當一個會員積極的回應時，他或她將更能意識到自己的貢獻，以及與社群相關聯的自我價值和目標。

工作社群內的領導者需要即時建立參與者對任務相關性的認知（immediacy of perceived relevance）。然而，活泉之家的龐大規模使得這個責任特別具有挑戰性。因為活泉之家的多重目標、龐大會員規模以及存在各種各樣的工作小組（部門、資源領域人員、委員會和專案），在激勵會員參與時，如何即時建立參與者對任務相關性的認知，就成了獨特的挑戰。工作的社會目的並不總是顯而易見，這些社會目的不一定在會員工作的主要團體或部門的直接視野範圍內。當個人的需求是由別的部門或行政資源小組來滿足時，要特別去建立對相關性的理解，以連結有需求的會員和滿足他們需求的人。例如，教育部門不僅給予自己的會員建議，而且還為其他部門的會員申請經濟援助。更間接的例子是，研究部門在出勤數據方面所做的大部分工作，都是通過外部機構提供的公共資金來處理的。在這幾種情況下，對即時需求的認知可能不經由此結構，即會所內的初級團體結構、部門內面對面的接觸。轉化性設計必須傳達工作對會所或個人的重要性。雖然一項活動的相關性可能無法立即被認知，但它確實履行了重要的社群職能，如果能被會員充分理解，仍然可以被認為是有意義的。因此，為了使過程充滿智慧和意義，每個部門的領導都要習慣教育會員活動的性質，以及這些活動如何實現整個會所的福祉。這反過來，又成為推動會員在特定任務中自願提供幫助的另一種激勵工具。

同樣的，部門和工作小組必須通過明確宣傳其服務的性質和好處，幫助其他人瞭解其活動對整個會所的目的和重要性。如果是那些與直接需求無關、不像準備餐飲或維持鮮花的服務，該團體便必須開展教育和激勵會員的活動，以吸引他們使用服務。傳達活動意義的主要方式之一，是充分利用活泉之家提供的眾多論壇和傳播媒介。例如每日報和每週報，告知大家有哪些正在進行的活動，並討論當天的議題。召開社群會議、定期任務小組或計畫會議，以討論與該小組有關的問題和重大事件。然而，在活泉之家中要完成工作，溝通不能只是工具性的，還必須傳達組織基礎價值；像活泉之家這樣的社群，溝通的層級、程度和類型與其最終效果之間存在很強的關係。根據 Etzioni（1961）的觀點，像活泉之家這樣具有強烈理念的社群，溝通的最終效果有賴於組織代表在溝通管道中宣告這些價值觀。在活泉之家，日常溝通是立基於社群氛圍的特質（nature）和品質（quality）。

社會說服者慶祝成功

組織活動的最後階段是為工作小組提供機會，讓公眾認可已完成的任務，以及個別會員對社群的特殊貢獻。Beard 明白，肩並肩合作有兩個要素。他需要一個公共平台，以便會員能夠將活動視為自

己可以做到的（因此被吸引而加入）。他還需要一個給其他人的公共平台，當他們看到會員能夠做的事，會對這些貢獻表示讚賞。Beard 發現，雖然曾經有人認為藥物的出現可以消除精神疾病，但這種願望終究是不切實際的。社會不允許患有精神疾病的人參與公共活動，Beard 從這個角度來理解精神疾病的複雜性。單靠藥丸無法打破無形偏見，這些偏見阻止患有精神疾病的人重獲正常生活、重返工作崗位。藉由活泉之家，Beard 直接面對社會對精神病人存在其中的反感，挑戰大眾的預期，並讓他們從恐懼和偏見轉為驚奇和感激。一位參加活泉之家培訓的同工，簡單解釋了 Beard 的洞見：「藥丸不會說『謝謝你』。」藥丸不會邀請患有精神疾病的人，去擔任社會中富生產力和被珍視的成員。正如 Bandura（1997）所證實的那樣，「社會對成就的評價，是最直接影響自我效能評估的說服框架。」（p. 103）

　　Bandura 很重視口頭說服，這是一種手段，可以加強人們相信他們具備實現目標的能力；而對會員成就的認可，顯示這種手段的重要性。這些訊息大多是在對表現者的評價回饋中傳遞的。因此，即使是對那些自我懷疑的人，正面的評價也有助於促進動能，並引導人們更加努力。例如，Julius Lanoil 回憶起會員 Sally 的事件，該事件說明了這一點：

我記得 Sally 是一個在二手商店幫忙，但卻害怕接待客人的會員。William 是二手商店的另一名會員，他喜歡零售業務。一天下午，我們變得異常忙碌，碰巧的是，大多數人都離開商店去購買貨物。我後來被告知，William 一開始很不高興 Sally 拒絕幫助他招呼客人，但她最終妥協了，因為她看到了 William 的困難，包括跟客人互動、包裝物品和使用收銀機。在第二天的會議上，Sally 獲得了一陣掌聲，然後令我驚訝和高興的是，她自願長期在銷售樓層工作。從那以後，原本安靜、保守和恐懼的 Sally，開始志願參與所有的工作。當會員們外出時，她會幫忙代理職務，並積極參與娛樂活動的規劃。不久，她開始在 Benton and Boles 工作，這是一個需要與其他員工進行大量互動的工作。

對於 Sally 來說，要嘗試略微跨出舒適圈，不僅需要完成這項工作的機會，還需要公開表揚她對社群的貢獻。成就值得認可，而認可反過來，又促使更多的參與和更深刻的成就。

然而，如何回饋很重要。必須給予積極但現實的評估，不要做出不真實的評論。Beard 會用一個職員協助會員清潔窗戶的故事來說明。該會員將清潔劑塗上窗戶後，只擦拭中間，將清潔劑留在窗戶兩側。Beard 解釋道，如果職員告訴會員他做得很好，這樣的回饋只

會強化他對自己能力的低估,並傷害關係。會員會看穿含糊其辭、虛偽的評估。職員採取了錯誤的觀念,以為積極的評價總是好的,並且總能提高自我效能感。的確,積極評價總是很好的,並且確實提高了效能信念,但只能在敏銳、現實和真誠的回饋框架內才能有這種效果。同樣的,Bandura(1997)敏銳地觀察到,如果積極評價是在現實範圍內,那麼一個重要他人的說服就「可以促進自我改變」(p. 101)。

　　慶祝個人成就固然能激發參與的積極性,而在轉化性設計師的手中,這種慶祝活動也會將重要的文化價值儀式化。我們知道文化是組織價值觀的重要傳播方式,通常比政策或標準操作程序更強大(Deal & Kennedy, 1982)。組織儀式會每時每刻不斷培養文化。像活泉之家這樣的社群文化中,如果組織要蓬勃發展,就必須將慶祝成就的活動儀式化。活泉之家的人們很欣賞「歡呼」,它作為組織文化的重要組成部分。因為瞭解承擔責任的行為是支持會員復元的重要面向,在活泉之家舉行的每週會所會議,都會先邀請那些在本週找到工作的會員站起來,獲得公開讚賞。有一些會所會展示會員拿著第一筆薪水的照片。這些公共儀式富有想像力而且強大,讓會員可以注意到回歸職場是會所使命的核心目標。同樣的,有效的轉化性領導者,需要認知到這些文化過程是強大工具,並在任何有需要的場合公開表揚成就。

最後，在小組會議或每月就業晚餐中，讓成功克服障礙的會員楷模講述鼓舞人心的故事，往往比討論技能或強調成功更有意義。Bandura（1997）認為，比起只是看到模範表面上的好表現，「觀察者透過看到努力克服困難的楷模，而獲益更多。」（p. 99）

　　同樣的，針對那些非面對面接觸的情況，部門服務的使用情形研究（utilization studies）是證明有效性的重要工具。使用情形研究記錄了活泉之家社群內，達成活動目標的成就。無論我們對特定服務或其內在價值有沒有興趣，通常都會希望計畫管理者證明其支出是合理的。因此，計畫評估技能是重要工具，幫助職員和其他人評估社群內的活動如何成功解決會所目標和會員需求。

促進健康以增強自我效能感

　　Bandura清楚地認知到自我效能感和表現能力受到許多個人因素的影響，包括智力和健康狀況。近年來，活泉之家對健康與精神復元之間的關係有了更新的洞見。不幸的是，是因為活泉之家社群的一些會員過早死亡，才促使人們意識到需要採取行動來促進會員的健康。就像關注會員教育、就業或安居一樣，健康整合是活泉之家全新的領域，需要探索和創新。

　　健康狀況不佳顯然會影響會員找到工作的機會。我們從經驗中

知道，如果會員因疾病或就診而不斷缺勤，雇主會不願意繼續僱用他。一篇關於精神病人健康狀況的文獻回顧，將問題更加突顯出來。最令人不安的發現是，嚴重精神病人的預期壽命比一般族群少25歲（Parks et al., 2006）。同一份報告顯示，患有嚴重精神疾病的成年人，罹患其它疾病、糖尿病和高血壓的機率較高。此外，患有精神疾病的人得到的健康照護平均水準不適當或不足夠。同樣的，關於運動與健康之間關係的研究發現，缺乏足夠的體能活動，與17種不健康的狀況有關，其中大多數是慢性病或慢性病的危險因子（Booth et al., 2000）。缺乏足夠的身體活動，與吸煙、營養不良以及第二代抗精神病藥物導致的體重增加相結合，導致患有嚴重精神疾病的成年人存在極大的健康風險。

但好消息是，這些研究表明，擁抱更健康的生活方式，可以產生正面的影響。飲食調整和運動都被發現可以減少糖尿病和心臟病。而且，由於許多令人信服的研究，美國公共衛生局長在關於身體活動和健康的報告中得出結論：規律的體能活動可以降低過早死亡的風險，特別是心臟病的死亡風險（www.cdc.gov/nccdph/sgr.htn）。它還可以降低罹患糖尿病、高血壓和結腸癌的風險，同時減少憂鬱和焦慮的感覺。換句話說，促進身體健康對患有精神疾病的人來說具有相當大的意義。

知道了這些訊息後，整個活泉之家社群動員起來尋找解決方

案。會所內提案並成立了幾個工作委員會,來代表活泉之家社群的所有主要成員(包括會員、職員、董事會代表和外部專家),由委員報告具體的改革建議。一名義務性專業管理顧問自願指導決策過程。小組委員會收集了資訊,諮詢了專家,並評估了可能的選擇。大家思考了該做什麼,以及如何用活泉之家的核心文化——即合作和優勢取向的方式——去實現目標。幾個主要捐助者提供了人員僱用和翻新現有建築的初期資金。最終,經過兩年的內部辯論,活泉之家將原本的點心吧台改為健康部門。健康部門的任務是促進會所中健康意識和健康實踐的整合,包括飲食、體能活動,以及獲得優質醫療、牙科和精神照護的機會。

從活泉之家對會員健康問題的反應,可以瞭解到轉化性設計在社會實踐中的重要性。活泉之家全心全意從會員的需求出發,並確定方向。它認識到,會員的健康狀況不佳,跟失業或失學一樣,都是心理復元的阻礙。我們利用調查研究(社會說服)來瞭解情況的緊迫性和可能的改善途徑,這些資訊進而要求我們創建以前從未存在的新結構。活泉之家採用合作的過程(共同領導決策),讓所有主要權益關係人——會員、職員、董事會成員、專家、志工和捐助者,都參與進來,以便為最終組織新部門的行動方案——創建新部門——制定共識。前後一致地應用這些價值觀——保持覺察、研究、創新和共同決策,是活泉之家能成功在心理健康實踐中長時間

保持活力的原因。

社群利用當下的現實來開發個人學習和發展的機會。在此情境應用 Bandura 的理論是相當合適的。每天的工作日提供無數真實體驗（親歷學習〔enactive learning〕）、建立模範、社會說服及支持個人維持良好健康的機會。職員和其他人必須熟練適當建構這些機會的技巧，確保所有人都能獲得機會，也隨時預備好社會說服者，以提供鼓勵，並使會員的成就得到公眾認可。

以社群支持作為倡議

最終，轉化性設計不限於西 47 街，而是進入更廣泛的社群，以幫助會員獲得工作、教育、權利、居住、優質醫療、心理和藥物協助，以及其他任何有助於提高他們生活品質的方法。雖然目標都是消除會員生活環境的參與障礙，但職員的角色和所需技能是不同的。在會所外，職員從原本培力的取向轉向倡議。他們需要爭取盟友一同反對社會偏見，並處理政府政策和法規，這些政策和法規破壞了會員的努力，讓他們在社區中無法成為有所貢獻的公民。活泉之家多年來以反對社會偏見著名，這些社會偏見造成受精神疾病所苦的人失去工作或居住方面的權利。在這方面最著名的是過渡性就業的發展。在 20 世紀 90 年代，活泉之家成為紐約市的領頭羊，成

功地減免會員和其他障礙者的公共交通票價。2004年，當布希政府實施限制高等教育公共資金的法規，活泉之家會員和職員質疑法規的合法性，因為此法規實際上是活泉之家的會員以及任何有精神疾病的人得以進入大學的唯一公共資金來源。最終，活泉之家促使全國有精神疾病的人都能免於此法規限制。目前，活泉之家是美國「帶來思想改變」（Bring Change 2 Mind）全國媒體運動的創始成員之一，旨在消除國家污名化有精神疾病的人的傾向。

因此，倡議是轉化性設計的核心功能。倡議使職員和會員的工作範圍變大，並將社群支持的努力（幫助獲得權利、找工作、就學或居住）轉至讓有精神疾病的人在社會中生活的方式，使他們能被尊重和擁有尊嚴。當活泉之家的職員代表會員去倡議時，他們這樣做是替這個因為診斷而被社會邊緣化的群體主張社會正義。倡議者確保活泉之家會員的權利，例如工作、就學的權利，以及民主社會中公民身分所帶來的基本權利，例如知情權和影響決策的發言權，都是活泉之家社群關注的一部分。在這方面，活泉之家的職員是在睦鄰之家運動（Settlement House Movement）的工作者建立的傳統中促進社會正義，此傳統告訴我們：公民倡議是社會工作專業的標誌。

總的來說，在活泉之家進行轉化性設計，是為了讓工作變得令人興奮和有意義，同時消除任何造成會員無法貢獻他們努力的結構性障礙。這是一項複雜的工作，我們期待職員能夠克制自己想把工

作完成的本能，用通才（generalist）的無私識別他人的才能來完成工作，而不是堅持自己的專業知識。活泉之家的職員必須精通分析和溝通技巧，並擁有團體動力的技能。合作領導、使會員參與建立模範以及建立鼓舞人心的目標，都是實踐轉化性設計的人手中的標準工具。活泉之家進一步期望職員成為有效的社群變革推動者，為會員倡議社會正義。作為公共倡議者，職員必須有能力與其他支持團體或機構結盟。通過這種方式，活泉之家的結構創造了一種環境，使因疾病而孤立的人們能夠擺脫污名，重新獲得歸屬感、自我效能感和成就感，並成為有價值的社群貢獻者。然而，僅僅創造一個無障礙、無污名的社會，不足以實現這一結果。為了讓其會員在重新融入社會方面取得成功，活泉之家還要求其職員具備可靠的個人教練（personal coach）技能，我們將在第 6 章闡述。

6
動機教練

當一個人遇到困難時，如果有重要他人表達對他能力有信心，會使這個人更容易維持效能感。

—— Albert Bandura

    Mark Glickman 是活泉之家的前會員，現在他和妻子在南加州有成功的生活和工作。他的履歷包括一本著作《活泉之家：描繪從精神疾病中重拾的生活》（Flannery & Glickman, 1996），一部關於活泉之家的紀錄片，以及國際會所發展中心的董事會席位。他的生活並不總是如此風光。Glickman（2005）回憶道，他 24 歲時因為精神崩潰而接受住院治療後，他的父親陪同他到紐約市活泉之家。在初次成功的過渡性就業後，他渴望重返大學。然而，他承認自己操之過急，在學校的第一學期慘遭失敗，並離開活泉之家好幾年。Glickman 將這段時期稱為「失落的歲月」，他因為失敗而感到羞恥和失望。他隨後再度回到了活泉之家，這次他改善了狀況並繼續生活。這種零星斷續的初步參與在會員中並不少見。

    Glickman 的故事與許多患有嚴重精神疾病的人的故事相同。我

們知道精神疾病不僅僅是一種讓人們惶然、使原本有大好未來的年輕生命迷失的疾病。這種疾病對受影響者的心理狀態、社會、經濟地位，以及長遠生活品質產生了有害影響。活泉之家的會員經常出現困惑、孤獨、社會排斥、教育和就業失敗以及喪失自尊的症狀。正是由於意識到疾病對其會員個人功能的普遍影響，所以活泉之家讓職員與會員建立重要關係（significant relationships）。

我們期望活泉之家的會員都選擇一名職員社工（staff social worker）作為他或她的嚮導或導師。會員可以選擇任何他們想要的人，但他們必須選擇。同樣，職員應對會員的進展承擔責任。John Beard 在活泉之家反覆灌輸這種做法。當被要求描述 Beard 的方法時，早期職員 Bob Harvey 提到 Beard 有一天叫他進入辦公室並要求查看他的會員卡。職員要以三乘五卡片的形式記錄每位會員的進展資訊。Beard 認知到，旨在支持精神疾病復元者的社群需要個人層級的介入。因此，他希望職員與個別會員建立個人關係，是活泉之家社會實踐的重要部分。今日的活泉之家以「動機教練」的形式繼續這種做法。

動機教練是社會實踐中針對個人的介入。與聚焦於重組社會環境的轉化性設計比較起來，職員作為動機教練的教練，是要與會員建立一對一的關係，以幫助他們復元。轉化性設計在結構上解決偏見的結果，而動機教練則關注偏見對個人的影響。在這方面，動機

教練要接觸處於孤立狀態的會員，促進與他們的重要關係，以幫助他們承擔風險或焦慮等問題，並協助他們利用活泉之家或社會所提供的機會（如就業、教育和居住）。這項工作內容多元且複雜。在處理一對一關係中出現的問題時，它需要靈活的精神和專業的態度。

「動機教練」是一對一教練關係中最重要的目的性特徵。職員和會員之間的動機教練關係，本質上是工具性的。評判教練關係不應該根據他們的親近程度為標準，而應該是會員是否成功地找到方法，能參與其所處環境並做出貢獻。在整個過程中，態度是主動的，但不控制，而且是基於優勢（strengths-based）。本章將討論動機教練的本質，如何建立和培養關係，以及為什麼它對於會員成功重獲自我價值、目標、信心和方向至關重要。與會員建立密切的人際關係自然產生的相關問題（例如處理精神疾病或依賴性，或者如何根據社工的職業倫理設定界限）及其侷限性將在第 7 章中單獨討論。

為何要一對一？

為什麼 Beard 要如此堅定地建立一對一的關係呢？他為什麼要引入促進職員—會員重要關係的結構？

活泉之家這個工作社群的獨到之處在於它故意使人力不足。大多數組織僱用足夠的員工，然後讓他們負責完成被分配的任務。另

一方面,像活泉之家這樣的工作社群應用了「被需要的需要」原則,使需要完成的工作太多,超過現有職員能完成的程度。在一個職員太少,而且會員又因精神疾病而有孤立傾向的組織中,會員有可能會被忽略而漏接。在這種情況下,要求職員與會員建立一對一的重要關係,可能會被視為一種精明的管理技巧,像是在採取保險措施來防止服務失效。

但 Beard 認為,與會員建立重要關係不僅僅是一種審慎的管理技巧。他從 Eloise 後側病房中瞭解到,他的病人被過去的失敗和自我懷疑所壓垮,所以個人層級的介入對於參與活動團體而言是必要的。正如我們已經注意到的那樣,能夠去接觸那些極疏離的個體是一種才能,而 Beard 以不可思議的技巧做到了。同樣地,現今活泉之家的職員發現,與會員建立信賴關係,可以讓職員在會員焦慮或尷尬的情況下有機會提供幫助。與會員建立重要關係,意味著會員更有可能聽取有關目標規劃或生存技能學習的建議。現代研究證實了 Beard 對此事的洞察力。Anthony(2000)在設計一個復元導向的系統框架時指出:「復元的共同基礎,是有人相信並支持需要復元的人。在復元概念中看似普遍的觀點是:當一個人有需要的時候,他/她相信有人會在場,這對復元是重要的。」(p. 160)Harding 還與我們分享過,對緬因州和佛蒙特州患有嚴重精神疾病的人的長期研究中觀察到,擁有「朋友圈」是復元週期中的一個共同因素

（DeSisto et al., 1995a, 1995b）。正如第 5 章討論轉化性設計時所說明的那樣，活泉之家的社會實踐有許多方面可以與會員建立情感一致性（emotional congruity），促進他們參與的動機，以及他們對參與程度的衡量。除此之外，必須再加上職員與會員的重要關係。轉化性設計和動機教練在社會實踐中的互補作用，共同創造了積極的實踐結果，最終建立了社群在支持會員復元和社會融合方面的有效性。

我們對建立一對一關係的強調，源於精神疾病的性質。除了明顯的症狀外，對於有嚴重精神疾病的人來說，令人困擾的是在治療過程中產生的態度或行為使他們的病情更加惡化，如被動或逃避。這些行為是疾病、多次住院以及隨之而來的公眾污名和拒斥等各種影響的結果。此外，藥物介入對這些行為往往使不上力（Kirkpatrick et al., 2006）。因此，我們之所以強調發展會員和職員之間有影響力的關係，一個主要原因是會員在克服上述情況方面遇到的困難。動機教練的社會實踐，幫助會員面對他們的負性症狀，[1] 這種做法向會員伸出援手以消除他們的孤獨感，支持他們承擔風險，並試圖化解任何在參與工作社群時可能產生的焦慮。

為何採取教練的方法？

教練（coaching）是一種基於優勢的技術，符合當前社會工作的

最佳實踐（Rapp & Goscha, 2006）。在教練關係中，目標是建立個案的優勢和技能，來將抱負和潛能最大化。根據 Kauffman 和 Scoular（2004）的觀點，「最新的教練方法是基於正向心理學（positive psychology）的優勢建立觀點（strength-building perspective）；這種觀點雖然簡單但強大，它認為聚焦在優勢和價值，就提高表現和滿意度而言是一種更有效的方式。」（p. 289）教練不是操縱性或強制性的。例如，在教練中，職員不與會員達成交易以換取合作，也沒有任何協議是以參與或順從，來當作獲得會所資源的條件。教練是關於培力的，而不是告訴別人做什麼或不做什麼。它聚焦於幫助個人確定自己的目標和願望。因此，教練是職員的具體框架，來與會員「肩並肩」從事會所工作，會員成為「同樣主動的平等夥伴」（p. 288）。這種姿態能確保他們與工作社群的基本原則緊密契合，即會員有權選擇他們參與當天活動的方式以及合作的職員。

教練的概念也是活泉之家與傳統談話治療的區別所在。如 Seligman（2003）所描述的那樣，作為正向心理學的一部分，教練的理念是通過建立優勢和技能，來最大化個案的潛力。因此，雖然教練在幫助人們促進自我實現方面，與談話治療有相同目標，但教練不是談話治療。教練通過不同的方式實現其目標。正如 Kauffman 和 Scoular 所解釋的那樣，「在治療中，你會尋找問題的根源並幫助個案解決問題。在教練中，你尋找個案的優勢，並幫助個案強化它們。」

（p. 290）在活泉之家，我們不做傳統的談話療法。相反的，職員與會員建立關係的過程是在一對一解決問題並試圖影響會員行為時產生的。教練更符合我們基於優勢和非醫療取徑的獨特性，目標是通過建立興趣和技能來使潛力發揮到最大。

作為動機教練的職員面臨著一項艱鉅的挑戰：會員參與工作既要是自願的，同時也是復元所必需的。在會員自由選擇的文化中，職員如何在個體差異中找到方向去激勵會員參與，這是動機教練的技巧所在。在接下來的討論中，我們將展示教練如何主動接觸孤立的會員，並描述重要關係如何使會員重建希望和信任感，最終使職員能夠幫助會員繼續生活。

外展

動機教練的主要任務是接觸缺席或退縮的會員。外展（reachout）的舉動，即主動提供援助的行為，前提是承認會員因疾病或是因感到被拒斥而遭受孤立；這些拒斥來自害怕他們的社會。會員可能害怕離開他們的家，可能陷入精神症狀，或者可能表現淡漠，完全沒有任何情緒。動機教練有責任採取主動，並對孤立的會員伸出援手。

從一開始，活泉之家就將外展作為其方法學上的重要特徵，使

活泉之家的方法與當時其他心理健康機構的實踐區分開來。20世紀50年代的董事會成員描述了活泉之家更主動的社會工作取徑：

> 社會工作實踐，形式上大多是基於一個老格言：你可以把馬帶到水邊，但你無法逼他喝水。人們認為社會工作機構的職能是準備特殊服務、甚至宣傳服務的可近性，但是，直到最近……社會工作機構並沒有招攬到生意，也未能吸引不情願的顧客上門。可以說，服務就在眼前，如果顧客在身體、精神、道德或情感上都很飢餓，他可以在駐店人員的幫助下試圖滿足他的需求。活泉之家對會員採取更有動力、或者說一種對會員「良性的渴求」的態度，然而如果要詳細說明，這份報告會變得太冗長。（Wolf, 1958）

因此，不論第一次怎麼相遇，動機教練的責任是展開對話，並找到某種方式與該會員建立有意義的一對一關係。

Beard 因其能別出心裁地與病人進行日常對話而聞名。晚上他將糖果放在他們的枕頭下，或者在天花板上寫下他們的名字，然後請他們找到自己的名字。John Delman 講述了一個故事，他是活泉之家的早期會員，隨後成為了職員。他回憶起與 Beard 密切合作時，陪同他訪視一名會員的家。Beard 和該會員聊起波士頓並開始交換故事。

建立了友好關係之後，Beard 接著邀請會員返回活泉之家。這個故事描述了 Beard 跟會員一起尋找共同的入口；他將他們同感興趣且未受到精神症狀影響的部分，當作建立關係的基礎。一旦這種聯繫被打造出來，他就有辦法讓會員重新參與活泉之家。

外展是動機教練角色的核心，以及職員－會員關係的不變特徵。無論他們之間的關係變得如何成熟和友善，職員都必須不受會員的拒絕所影響。職員不能將拒絕當作是針對自己，因為精神疾病有慢性的面向，可能隨時浮現。正如以下關於 Steven 的故事一樣，教練必須對會員行為任何突然的變化保持警惕。

Steven 是一名年輕人，上紐約大學後開始進出醫院。每次出院後，他都會回到學校，再次生病，住院，然後又再返回學校。精神科醫師建議他來活泉之家，而且他剛來時就說他很想去上班。Julius Lanoil 在關於活泉之家經歷的筆記中回憶：

> 當時，我們正在尋找能在提供三明治、湯和咖啡的餐廳 Chock Full O'Nuts 工作的會員，這是一個新的團體就業方案。業主給了活泉之家完全的營運責任。Steve 只在活泉之家待了一個星期，但對嘗試這個工作非常感興趣。我成了 Steve 的職員並帶他去接受培訓。他很有天份，很快就學會了這項工作，並且看起來工作得很開心。然而，工作表現

良好兩週後,他就不再來了。當我打電話到他的家時,母親告訴我 Steve 將再次就讀紐約大學。在我、她和 Steve 的一次會面中,她主張繼續教育的重要性。在 Steve 的同意和精神科醫師的支持下,我回應 Steve 的母親,認為他可以得益於入住活泉之家、繼續工作,以及幫忙活泉之家的學業輔導計畫。我建議,在下學期開始前的七個月裡,活泉之家的正向工作經驗和支持性關係,將有助於 Steve 下次回去當學生的嘗試。Steve 在活泉之家完成團體就業後,繼續參與 Benton & Bowels 律師事務所的另一份工作,然後才回到了大學。在接下來的兩年裡,Steve 獲得了紐約大學的學位,同時在周末保持兼職工作,繼續幫忙活泉之家的學業輔導,也持續他與我的關係。

會員有時會漂移或分心,這很自然。幸運的是,當注意到行為的改變時,上述案例中的職員很警覺,並立即開始外展。他能夠強調學校和工作同樣重要,來解決問題。在活泉之家取得的進展並沒有失去;相反的,這樣的進展與會員重返校園的階段結合起來。鑑於 Steve 以前的教育失敗歷史,他後來的成功證明了活泉之家方法的有效性。[2] 職員和會員之間的重要關係,鼓勵了會員保持參與和達成復元,並重新繼續社會中的生活。

此外，當會員觀察到職員介入他人時的成功，他們就會有動機參與其中。一些會員因為過去的失敗或負面經歷，很難相信自己在活泉之家社群的存在是被他人視為有價值的。然而，當他們看到職員成功地對退縮的會員外展時，他們會意識到每個人的貢獻如何在活泉之家受到重視，並開始打開心胸。最後，早期外展可以找出影響出席和參與的非語言障礙，並在會員心中創造一種強烈、真誠的肯定，和被接受、被想要和被需要的感覺。

建立重要關係

一旦開始跟會員聯繫，每個職員都應與會員建立重要關係。我們選擇「重要」（significant）這個詞來描述我們的實踐，因為它意味著關係的強度和影響力，同時不會忽視會員的選擇；選擇在我們的實踐中是不可或缺的。在我們的定義中，重要關係是指一個人對另一個人具有影響力的關係。它擴展了教練的實踐，使教練給予會員的回饋可以被會員聽到和評估，而不會產生被迫或強制的感覺。這類似於擁有一位重要教師的經驗。我們都曾被老師教導，但我們當中少數幸運的人可能曾因為老師而改變了生活，他們的尊重和信任對我們產生強大的影響。我們將這些極具影響力的關係描述為「重要的」。

此外，重要關係可以最大限度地減少會員被漏接的可能性。作為工作者，我們知道改變過程很少是順利的，通常是前進幾步後退一步。當動機教練與會員建立了有意義的關係時，會員將更有動力堅持到底。與偶爾參加的會員保持積極的聯繫，也可以避免會員感到「不被放在心上」。職員承諾盡一切可能保持其會員的參與。這種承諾並不總是保證成功，但如果會員再入院、參與程度降低或進展遇到瓶頸，確實會使職員多加注意。

有些人可能認為，動機教練和會員之間的重要關係雖然是一種激勵工具，但並不是會員成功的必要條件。雖然我們知道有些會員在沒有與職員建立重要關係的情況下繼續生活，但是，當重要關係被建立時，所有回饋都變得更有意義，而且職員教練處於更有力的位置，能對會員的動機和個人決策產生建設性影響。重要關係產生的信任，使會員遇到麻煩時能聽取其他人的建議，例如資金管理不善或不切實際的期望。換句話說，當作為動機教練的職員與會員之間存在重要關係時，活泉之家工作社群的有效性大大提高。建立真實的關係是實現會員目標和生活期望的關鍵。

活泉之家的文化將個人關係視為成功的一個因素，而會員對這種文化的重視可以從會員對「你對職員有什麼期待？」這一問題的回答中看出來。通常這個問題的答案範圍從基本的接納，例如希望職員喜歡或相信他們，或「她會很高興聽到我的聲音」，到對某些

特質的形容——好職員是「好聽眾」、「他在意我」、「她給了我新主意」、「她激勵我」、「他們幫助我解決問題」、「他有很棒的幽默感」。會員甚至不在意來自職員的壓力，因為他們知道背後的動機：「他讓我感到憤怒，但他很有心。」這種關係令人欣慰的結果，就是會員能說「我可以做我自己，可以跟職員說任何話。」我們多年來對會員和職員的觀察和討論，使我們相信，這種關係可以增強回饋、促進支持感、促進風險承擔，並激勵職員和會員堅持不懈。我們認為，重要的職員－會員關係是心理健康實踐的基礎。

塑造重要關係

在關係開始時，職員必須找到自己與新會員合作的動機，並找到他們邀請該會員參與所使用的誘因。教練通常會發現他們喜歡、欣賞或尊重會員的地方。Beard 常說職員必須找到會員健康的部分來連結，「至少他們的頭髮或指甲是健康的」。雖然這個例子過於誇大，但它強調了基於優勢的方法，使活泉之家的重要關係如此獨特。職員繞過了心理健康評估中常見的疾病或缺陷焦點，並利用彼此共同感興趣的面向來進行關鍵介入。Seligman 指出了這種方式與當今的心理健康專業中治療方法的對比。他認為「心理健康專業人士對錯綜複雜的失敗理論比對成功理論更感興趣。但當心理健康專

業人員發揮到最好時，他們應該擴大優勢而不是修復個案的弱點。」（Seligman & Csikszentmihalyi, 2000, p. 7）Julius Lanoil 講述了一位早期會員 William 的故事，很洽當地說明了這一點。

William 於 1972 年來到活泉之家。他經常產生幻覺，但有能力記住過去各種事件的日期。他還可以告訴你某個日期是星期幾。這種獨特的能力引起了職員的注意。Lanoil 回憶，

> William 曾多次住院，除了不間斷的幻覺模式外，他的思維過程令人困惑，大家對他的初步印象是難以忍受。然而，他的職員對自己的能力有著堅定的信念，並認為 William 對他來說是專業上的挑戰。他的方法是專注於 William 的優勢，並且很少關注他的幻覺或跳躍性思考。當 William 開始在廚房工作時，他的準時和樂於助人對職員變得很重要，無論 William 表現出什麼樣的症狀，職員都開始欣賞並尊重 William 的重要性。職員提供的基本接納（這是形成關係的第一個要素）最終得到回饋，因為他在部門中有急需時，獲得了 William 的幫助。

在這則軼事中，職員和會員之間的關係始於職員找到 William 記憶日期的能力。在其他情況下，起始點可能來自個性特徵，如友善或

積極的態度。如上面的故事所示，一些職員被新會員吸引的原因，可能是因為他們表現出明顯的病態，並代表了專業上的挑戰。無論最初的吸引力是什麼，重要的是職員要從迴避疾病的角度來瞭解會員，而這反過來使會員願意投入到會所的工作中。

關係能移除障礙

有許多結構性的做法，使像活泉之家這樣的支持性社群能吸引會員並促使他們參與，其中包括開放式的溝通、無隔離的空間、需要會員貢獻的普遍機會，或會員的成功被公眾認可。這些工作社群的實踐無疑為促進會員參與奠定了基礎。但是，沒有任何東西可以取代教練來移除會員面臨的障礙，並使會員感激、願意回報。我們期望動機教練能改善阻礙會員復元的個人困境。會員在活泉之家的最初幾個月尤其重要，在此期間，任何問題都可能成為出席的障礙。

當會員們第一次來到活泉之家時，許多人在生活的各個領域都有未滿足的需求。由於這些情況，他們時常很難參與。有時這些困難會被用語言表達出來，有時不會。會員可能會感到壓力，因為他們沒有得到其他重要關係的充分情感支持，例如精神科醫生、家庭成員或機構工作人員。可能會出現其他問題，例如財務、交通、藥物、食物購買或與社會局協商。在出院後能否即時找到工作和住

所，也是許多新會員的主要關注點。有時，新會員可能會對活泉之家的規模或活力感到害怕，或被其他會員表現出來的奇怪行為嚇到。無論如何，解決或消除這些最初的參與障礙，不僅使新會員有可能參加，而且改善了他們參與的結果。此外，它強化了職員—會員關係的影響力。

活泉之家的會員 Peckoff 指出，職員用心的幫助她解決了一個懸而未決的財務問題，促使她參與了活泉之家。儘管她最初不情願，但她最終還是脫離了孤立，開始參加會所，並成為一名導遊。她解釋道：

> 在這段時間裡，我總是在到處看看，注意到做總機、報紙、研究計畫和出勤工作的會員和職員。會員和職員會盡力鼓勵我參與，雖然我當時沒有參加，但是仍有些什麼在醞釀中，因為即使我得花一個半小時才能到達會所，我仍然幾乎每天都去。有一天，一名職員來找我，問我是否願意參加導遊會議。這是我最不想做的事。但是因為她在我需要的時候，幫助我獲得經濟援助，我就答應了。那是差不多 14 年前的事了，我現在仍然是導遊。（Peckoff, 1992）

儘管她最初不願意參與，曾幫助她的職員的催促是她脫離孤立的一

個因素。這段經歷成為她從「病人」轉換成「人」的重要里程碑。

關係中，一個更微妙的因素涉及會員對幫助行為的觀察。當會員觀察職員代表他們面對政府官僚、精神科醫師、家人和房東時，他們會留下深刻印象和感激之情。當他們意識到職員替他們處理複雜問題時，那樣用心、堅持不懈以確保使命必達，他們會開始將職員視為特別的人。一名會員反映說，他的職員「與福利部門打交道，就好像是在為自己爭取福利一樣。」John Beard 將這種做法稱為「完成幫助的行為」（completing the helping act），而 Lanoil 用 Beard 的觀點說明了這一點：「一個駕駛停下來向你問路。你告訴他走兩個街區向右轉，然後到第三個紅綠燈右轉，然後在第 46 街向左轉等等。這些指示很有幫助，但更好的做法是把它們寫下來給這個人。Beard 會這樣說：你能想像如果你親自把司機帶到目的地，對他會產生什麼影響嗎？」

Beard 堅持職員採取通才（generalist）的方法，並在會員的需要上陪伴他們走完全程。他認為這是一種與會員建立重要關係的有效技巧，同時能幫助他們克服所面臨的障礙。活泉之家的實踐雖然看起來與個案管理的實踐相同，但不同之處在於，在服務個案的同時，也是在建立關係。在這方面，活泉之家的個案管理既有工具性，也有關係性。如上面的故事所示，職員意識到，當他們滿足了會員的迫切需要時，他們也是在建立長期支持關係。

總而言之，成功地對新會員外展，找到喜歡該會員的地方，消除他參與的障礙，以及完成幫助行為，是動機教練的初始實踐要素，和建立重要關係的開始。

支持會員承擔風險

當一個人參加的活動，超出了他們原本自己認為可以完成的份量時，個人成長就會加速。這種情況被 Vygotsky 描述為孩子們在遊戲時「站在比自己高過一個頭的地方」（Vygotsky, 1978, p. 102）。成功完成困難活動的經驗，明顯改變了自我評價。這樣的經驗還可以對會員未來的風險承擔行為產生深遠的積極影響。正如 Bandura（Bandura, 1997）所發現的那樣，「證明個人自我改變能力的強大精熟經驗（mastery experience），可以產生**效能信念的轉化性重組**（*transformational restructuring of efficacy beliefs*），這種改變體現在不同的功能領域。」（p. 53）活泉之家的社會實踐同樣認為，個人成長是一個人成功完成會所活動和體會到自身能力的進步時，自信心增加的結果。在這種情況下，動機教練處於獨特的位置，可以促進參與和成長。

有些人認為，只有那些有類似障礙的人才能在這一點上介入，以協助會員掌握自身情況。他們認為，只有那些同樣有障礙的人，

才有足夠的同理心來幫助（Borkman, 1999; Chamberlin, 1977, 1987, 1995）。然而，我們認為，活泉之家社群中的每個人，無論障礙狀況如何，都能有效地支持會員培養自我效能感。雖然活泉之家社群也有其他模範的影響（例如看到其他會員的進步），但動機教練在會員風險承擔和「站得更高」方面發揮著重要作用。一旦職員獲得了信任，且被視為有知識、可信賴和重要的人，職員的支持將對會員產生重大影響。正如 Bandura（1997）所發現的那樣，「當有困難時，如果一個重要他人表達對她／他能力的信心，就更容易維持效能感。」（p. 101）信任使職員具有可信度，使他們的意見能夠在不減弱會員自我實現的情況下被聽取。此外，如果沒有這些強而有力的支持關係，會員可能只會在他們的舒適圈內取得進步，這將成為自我限制的瓶頸，沒有充分發揮潛力，完全避開風險承擔。實際上，積極的、激勵性的教練是會員成長和自我實現的重要幫助，如下面的軼事所示。

Lanoil 記得，「會所」（the Club，新澤西州早期仿效活泉之家的會所）的一名職員 John 試圖幫助一名會員 Louis，他在會所年度過渡性就業晚宴演講之前恐慌發作。演講題目是他在成為會員之前和之後所經歷的個人困難，他本來是可以自如地在公開場合談話的。Louis 完成了兩次就業安排，並計畫進行全職的獨立性就業面試。在他預定演講大約一個小時前，他開始顫抖、呼吸困難，發出不連貫

的聲音。Lanoil 解釋當下發生的事情：

> 我清楚地記得 Louis 和 John 走上舞台，聽到 Louis 真誠的演講，關於精神疾病如何影響他，以及參與會所計畫如何幫助他重獲富有成效的生活。這是如何達成的？因為我知道他很焦慮，焦慮到懷疑自己是否能夠上台演講，也害怕去嘗試。John 解釋說，幫助 Louis 改變他的關鍵，是與他一起站在舞台上的承諾，不僅要站在那裡，而且要足夠接近 Louis，這樣如果他需要的話，可以觸摸到 John。在他解釋之前，我不知道為什麼 John 要在舞台上站在離 Louis 那麼近的地方。藉由舉出自己經歷焦慮的例子，John 把 Louis 的焦慮放在一個正常的脈絡中，這讓 Louis 安心。由於 John 跟 Louis 的關係（我認為是重要關係），他提供了情感支持，最終幫助 Louis 發表演講。

風險承擔的支持包括合理建議和承諾在場，並且在對方挫敗時保持密切陪伴。

這種用心的陪伴體現在同一會所的另一個故事中。這個故事關於活動團體領導者 Marc 和會員 Irene：

會員們早上 8 點 30 分開始到達，擁有自己交通工具的 Irene 則於上午 11 點抵達。Irene 知道怎麼操作外套的寄物系統。Marc 因此希望 Irene 在早上 9 點進來。Irene 拒絕了，聲稱她長期以來早上 10 點之前無法「起床」。Marc 相信 Irene 可以早點起床，除了讓 Irene 知道他這樣相信外，也表達他需要 Irene 9 點來幫忙。Marc 和 Irene 之間的關係相對重要，因此 Marc 的請求令 Irene 感到不安；她認為自己無法滿足這一要求，這種不安使她三天都未出席。當 Marc 聯絡到她時，他們同意 Marc 每天早上 7 點 45 分打電話給她，她會試著起床。大約一個星期後，Irene 在沒有 Marc 幫助下於上午 9 點進來。當我和 Irene 談到這件事時，她解釋說，她早上起床的動機是：她相信就算她失敗了，Marc 也不會拒絕她，因此有機會減輕她的壓力和對失敗的恐懼。不久之後，Irene 在上午 8 點營業的一家食品零售店工作。

知道自己不會因為在承擔風險過程中失敗而被拒絕，是一個強大的解藥。會員理解任務的重要性，也感受到它超出自己舒適圈時所帶來的危險。在這兩個故事中，動機教練以用心的陪伴創造了支持性環境。它提供承擔風險的實際建議，同時肯定了嘗試比失敗更重要的價值。這種支持性的氛圍遍布活泉之家，使其文化與外部世界截

然不同。³一旦會員信任他或她的員工，他們之間的重要關係將使動機教練輔導能促進會員參與活泉之家工作社群。

最終，是重要的職員－會員關係使得活泉之家看起來運作得如此順利。許多第一次來的訪客對活泉之家似乎毫不費力地運作感到驚訝。然而，在活泉之家內，每個人都清楚地意識到，是由於會員和職員共享良好的社會關係，一天才能順利進行。本質上，動機教練是「社會說服」的實踐者（Bandura, 1997）；動機教練是能夠在不損害自我效能感的情況下協助會員的人。John Beard 是社會說服的傑出實踐者，他將活泉之家的結構設計成能讓所有職員都扮演這樣的角色。他希望職員能夠在與他們一起工作的會員身上，找到有價值的東西，並使用他們的想像力，試圖讓會員擺脫孤立。會員和職員關係的親密程度引發了對界線和依賴的相關考量，我們將在第 7 章中討論這些問題。

7
關係中的議題

社會工作者不應利用任何專業關係來獲得不公平的利益，或剝削他人以促進其個人、宗教、政治或商業利益。

——美國社會工作人員協會的「倫理守則」

  Bob Jackson 曾是活泉之家的一名職員，現在是一位退休的社會工作系教授。他曾經講過一個事件，他認為這個事件說明了活泉之家的會員－職員關係性質。在活泉之家的餐廳工作時，他觀察到一名會員來回踱步，激動地大聲說話。一名急於清理桌子並為下一組用餐者預備的職員站在附近，輕拍會員肩膀並問他是否能幫忙。該會員恢復了他的沉著，答應且立即與職員一起為飢餓的到來者準備餐桌。對於 Jackson 來說，此事件直接說明了活泉之家會員和職員之間存在的重要關係，對行為和坦誠交流有多麼積極的影響，這種溝通經常被看成微不足道。正如第 6 章所討論的，支持復元的關係對活泉之家的社會實踐具有深遠的影響。會員與職員的關係培養信任和開啟溝通，是促進會員參與會所運作的有力工具。

  與此同時，我們需要務實面對關係干預中的侷限性。職員需要

瞭解復元關係何時可行，而何時則不然。他們需要熟悉涉及的道德問題，以免濫用會員的開放性和脆弱性。因此，在本章中，我們將討論如何為這個功能強大的工具提供所需的關注。重要關係的極限和潛在風險有四個主要問題：定義關係中的界限；與有明顯精神症狀的會員一起工作；處理破壞會員自治和自決的依賴行為；最後，處理會員可能被排除在工作社群之外的情況。在整個過程中我們明白，活泉之家的職員必須管理他們和會員之間的教練關係，使得關係儘管真實和親密，但始終保持尊重、專業和務實。

界限

在活泉之家，聽到會員感性地公開談論他們的職員，這種情形並不罕見。在大多數社會服務機構中實施的僵硬社會界限，似乎並不適用於在活泉之家內發生的交流。例如，以下節選自一位會員在有數百人參加的國際研討會上的演講摘錄；演講者熱情地描述了她與活泉之家社會工作者的關係。該會員在 14 歲時開始住院；演講時她 27 歲。除了精神科醫生外，她沒有朋友。她回憶：

> 我記得在我到活泉之家一週後，一名職員帶我出去喝咖啡。當我在另一個機構和工作人員做同樣的事情時，她會

說,「如果我們被抓到,我會被解僱。」所以,當我和這名職員喝咖啡時,我看著窗外說「噢,天啊,她會被活泉之家解僱,她會失去工作,噢,天啊」。但什麼都沒發生……

我們在新澤西州的Highpoint有一個農場,職員和活泉之家的會員們住得很近,一起做飯,一起打掃。我看到湯姆穿著從垃圾桶撿出的格紋浴袍。實際上,他的大部分衣服都是由我和舊貨店提供的。我們一起設法讓他穿上衣服……

我有嚴重的憂鬱症,我多次試圖自殺。通常,當我很沮喪地打電話給我的精神科醫生時,他告訴我要多吃些藥。但是,當我打電話給湯姆時,他並沒有這麼說;他說「India,如果你對自己做了什麼,我會非常難過。你對我來說很重要。」

這就是我想要說的,他總是在我身邊。這是令我感動的經驗。(Ely, 1992)

上述的言論並不表示會所的關係完全缺乏界限或專業倫理。確切來說,有別於傳統治療環境設定中常見的拉開距離,活泉之家的社群文化需要一種不同的倫理,讓專業人士從中獲得界限。復元關係

中，外展是必需的，讓會員擺脫社會孤立，讓他們再次感受到自己身而為人；這樣的復元關係有其適當的界線和距離。這種關係是基於任何正常人際關係會產生的信任和相互尊重，以及共同合作所產生的夥伴感受。

距離是所有人際關係的一個屬性，包括助人關係。例如，精神分析治療的目標是與病人發展移情關係，這需要在關係中建立清晰的邊界和距離，以使治療有效。治療師不討論他們自己的問題或分享他們個人生活的訊息。他們也不會將病人介紹給他們的家人或朋友，或在下班後一起參與社交活動。因為社工系的學生在心理分析理論方面接受了大量培訓，他們很容易產生錯誤的信念，以為所有助人關係都需要這樣的空間和界限。實際上，這僅在精神分析移情實踐中是必要的。或者，可能只是因為僱用社會工作者的服務機構強制要求距離。結果，一些社會工作者誤會了治療實踐，以為在助人關係中保持個人距離是必需的。實際上，大多數不從事移情治療的助人專業人士，都認為親近的關係是更好的，因為它促進了開放、無阻礙的對話，使資訊蒐集順暢，並強化了助人者的影響力。因此，社會工作者應該注意到，在按照規定保持情感距離的同時，他們可能會錯誤地將自己與他們想要幫助的人分開。

在活泉之家，沒有這樣的禁令。事實上，活泉之家禁止僅限職員或僅限會員的空間。沒有「僅限職員」的餐廳或「僅限職員」的

廁所，因此會員和職員之間的互動非常普遍。作為社會實踐者和通才（generalists），活泉之家的職員不會將他們的關係侷限於特定的治療方法。為此，活泉之家的文化竭盡全力促進人際關係。職員在會員生活的各個領域（包括社交領域）與會員相處。在活泉之家（如同 Rogers 學派以個案為中心的治療模型中），[1] 疏離的職員無法形成有效運作動機教練所必需的共事、互惠和關懷關係。職員積極參與建立社交網絡，使會員和職員之間建立了親近關係，並促進信任關係發展的可能性。職員在工作日促進參與的嘗試（例如幫助移除復元障礙），培養了會員對職員的觀感，如本章開頭故事所示。活泉之家實際上在工作社群的脈絡下實施了 Rogers 的實踐。

職員不得濫用這樣的開放和信任。在動機教練的角色中設定限制，涉及了在實踐中理解和應用以下觀點：關係的焦點在會員，而不在職員的個人需求、成長和發展。關係中的親近必須建立在服務提供者的無私基礎之上，這有助於培養信任，而不是剝削。人與人之間的關係能帶來改變，這個觀念反映在社工倫理準則中明確規定的道德條件中：「社會工作者不應利用任何專業關係來獲得不公平的利益，或剝削他人以促進其個人、宗教、政治或商業利益。」（美國社會工作人員協會，2008）因此，與會員有重要關係的職員必須記得，這種關係是為了幫助會員重新獲得與團體聯結的能力，無論是在活泉之家，或是在會員就業或居住的情境。

此外，職員必須學會保持警惕，以免加強不切實際的期望，使動機教練的角色混亂。如果關於友誼的問題出現（「難道我們不是朋友嗎？」），回應必須誠實和坦率，承認友誼的同時，要幫助會員瞭解職員在情境中的責任──包括個人教練和團體的協調者。顯然，像活泉之家這樣一個彼此熟稔親近的互動環境有時會引起誤解。不恰當的行為通常基於各種不切實際的期望或信念，這些期望或信念可能由職員引發，也可能不是。會員們還可能會將工作中產生的熟悉和親密感與個人感情或親密關係混為一談。在實踐中，教練必須立即對任何有性意涵的陳述或行為做出回應。回應可以口頭或以舉動來表示，但必須清楚地表明此行為是不可接受的，因為過多的討論，無論內容如何，都可能進一步滿足對方的幻想。因此，雖然活泉之家的動機教練實踐起來可能很親近，但它的界限仍然清晰。它們是任何兩個人之間的正常界限，這樣的界限促進相互尊重，並相互承認個人工作的限制。

面對精神病症狀

活泉之家的職員來自不同的教育背景。然而，在面對處於精神病發作期間的會員時，仍然希望職員能夠認識到問題的嚴重性，並理解他們在處理問題時必須採取的步驟。我們意識到，有些時候會

員可能完全被疾病吞噬。然而，根據我們的經驗，幾乎總能找到一些仍然理智的部分，是能讓被信任的職員接觸的。如果職員與某個會員有重要關係，或者基於某個共同感興趣的領域，職員經常就能以合理的方式與該會員進行溝通。例如，Lanoil 講述了一個故事，關於一位晚上在活泉之家值班的職員，遇到一個他偶爾互動的年長會員，在零食吧台哭泣。

> 該會員獨自一人坐在零食吧台，心煩意亂，淚流滿面，正在大聲講述被嘲笑和貶低的事件。「我想離開活泉之家，去醫院，什麼事都不做。」然後繼續哭泣和說著混亂的負面回憶。當職員走近並坐下來時，職員回憶起 Bob Jackson 告訴他的一個故事（本章開頭講述的故事，關於職員如何請求會員幫忙準備餐桌來分散會員注意力）。以這個故事為參考，並試圖促使會員聚焦於具體活動，職員詢問會員他喜歡做什麼，對方回應「畫畫」。然後，職員請會員跟他下樓到起居室，他們可以在那裡一起畫畫。當會員畫畫時，他又開始哭泣，並開始講對虐待和嘲笑的負面回憶。職員平靜但直接地說，「如果你不停止哭泣和談論過去，我們將停止畫畫，你將不得不離開。」「不」，會員驚呼道，「我會停下來的」。他就停止哭泣了。

這個故事可以啟發職員如何應對潛在的精神病發作。首先，職員與會員一起做了一些肢體活動，這個活動在他們所處的環境中很容易做到，並且符合興趣。肢體活動在這種情況下是有幫助的，因為它將注意力的焦點從混亂的思緒轉向到建設性的活動，並減少對詞語的需求，這些詞語很可能造成混亂和額外壓力。如果故事中的會員回答了一些不可行的事情，比如「騎自行車」，那麼職員將不得不尋找更實際的活動來轉移注意力。接下來，職員避免了對過去的任何討論。過去充滿混亂和情感地雷。動機教練的重點是現在；矯正過去不是教練的工作。當開始討論時，職員需要控制情境並讓會員回憶起積極的事件和互動。如有必要，職員可以帶進來另一名職員，或瞭解該會員的其他會員，以協助處理該情況。最後，職員是明確和直接的。現在不是提出問題或探討會員感受的時候，因為這只會加劇會員所經歷的情緒動盪。在這樣的情況下，一個會員可能正掙扎於對他的存在有破壞性的情感歷程。因此，職員必須關注於可以控制此情境的過程。

　　總而言之，如果某人精神病發作，職員有一個基本選擇：要麼使會員重新聚焦於某項活動，要麼將他轉介到醫院或危機處理中心；否則，其他的介入將需要大量的個人關注或對藥物的專業知識，這兩者都不是活泉之家職員的行動方案。如上面故事所述，職員依靠他和會員之間存在的關係來解決混亂。在危機情況下刻意將

自我定位為職員角色,是適當的,並與活泉之家實踐的期望相符。活泉之家的職員使用工作來重新調整會員的焦點,而不是通過談話療法。職員只需要熟悉如何防止局勢失控,目的是將注意力集中在現在和現實上,而不是處理過去或潛在的妄想。由於在活泉之家建立的關係,我們相信即使在這種情況下,該會員更有可能遵循他信任的人的建議,並尋求所需的幫助。唯一的另一種選擇是轉介去住院和接受外部醫療。

依賴

雖然依賴(dependency)的概念在社會工作中被視為負面(與培力相反),但也有更加平衡的觀點。在某些情況下,個案的依賴可以提供有價值的社會支持(Bornstein, 1993)。依賴性涉及靠著他人獲得支持,或希望他人在自己做得到時仍然替自己做。例如,當人因為疾病或災難性事件致使他手足無措和失去資源時,依賴是很正常的反應。在活泉之家,當會員依靠職員獲得現實的回饋或協助他們取得社會服務時,職員與會員之間會發生正常的依賴。由於建立模範的互動在活泉之家很普遍,會員有很多機會觀察職員作為倡議者,以及進行動機教練來幫助其他會員,在此情境下尋求幫助是正常的。因此,當一個會員將活泉之家的職員視為榜樣,或者當職員

教練證明自己值得信賴、能關懷他人,並可以在許多情境下提供幫助時,健康的依賴可以在關係中出現。結果是,教練被會員認定是重要的,這反過來又使教練能夠提供必需的支持和影響力,使會員在活動中承擔責任,或調整那些阻礙進步的行為。

　　這種關係也可能創造一種奉獻精神和關懷的迷思,可以理解在某些情況下會導致負面形式的依賴。例如,想要只跟某一個職員工作,或者在沒有職員陪同的情況下就無法單獨做任何事情。有些會員只想與職員一起工作,不接受其他會員的幫助。會員甚至可能依賴工作日的結構,想要控制某個特定的任務而不讓其他人做他們認為屬於自己的工作。不管形式是什麼,這種負面依賴的情況會阻止會員繼續生活或承擔風險。活泉之家的職員必須持續判斷依賴在某一特定時刻是否必須,還是該會員正在喪失自我效能感,並在自己可以做的事情上仍依賴職員。Lanoil 通過描述 Susan 所面臨的情況說明了這個問題。Susan 是一名文書部門的會員,她每天都會出席活泉之家,大約持續了 16 個月:

> 她的職員認為 Susan 已準備好接受過渡性就業的社區工作,但所有提供給 Susan 的職缺都被她拒絕,表示「我很害怕,而且我還沒準備好。」她的職員在很多事情上都對 Susan 有所幫助,特別是幫助她在活泉之家的居住計畫中,找到合

乎經濟的住所。他們建立了重要關係。在跟 Susan 的對話中，Mary Ann 發現 Susan 認為，如果她選擇就業，她就會失去在活泉之家的「好的感覺」，而且如果她離開太久，她的職員會忘記她。職員因此設計一個計畫，讓 Susan 從文書部門轉到就業部門，同時讓同一位職員持續擔任她的教練。三個月後，如果她決定接受過渡性就業，那麼職員將陪她去工作三天，然後每週兩次與她和另一名就業部門的職員會面，討論她在就業和部門中的工作經歷。Susan 同意了，成功完成了工作職位（placment），並再完成另一個工作職位，然後開始全職獨立就業，成為活泉之家就業會議中強而有力的榜樣和講者。

Susan 與活泉之家職員的重要關係，最初具有強烈的依賴性，因為它限制了她往前進。但是，藉由讓 Susan 轉移到一個新部門，同時留下職員作為她的教練，職員為 Susan 提供了一個新的團體來產生連結，且沒有拒斥她。此外，透過與她保持聯繫（即使不是每天）並幫助她安排就業，職員維持了支持性的關係。與新團體聯結的積極正向經驗加上她在實際工作中所取得的成功，增加了 Susan 能在職員不在時管理自己生活的自我效能感，最終可以跟職員發展更成熟的關係。

當你將依賴性分析為對關係有害的問題時，它通常被表現為一組負面的行為，這些行為雖然在童年時是必要的，但在成年期會變得適得其反。這些人經常對他們的關係感到恐慌，需要定期獲得保證。例如，可能每天都會多次打電話給職員。這種無助和令人厭煩的行為是依賴的一種自我挫敗形式，實際上破壞了活泉之家企圖培養的自決能力。因此，當一個會員開始用持續不恰當地尋求保證的方式來扭曲關係時，這時候就需要現實但不拒斥的回饋。依賴也會使個人發展停滯並有礙自主性。因此，當會員放棄自主權和責任，並希望讓另一個人做他們自己可以做的事情，職員需要介入並直接處理依賴行為。任何助人過程的最終目標是讓個案變得更加自主和獨立，能依靠他們自己內在的動機和回饋。

在某些時候，活泉之家被指責由於對會員關係的維持並無時間上的限制，而促進了依賴行為。然而，這種批評沒有考慮到處理精神疾病需要多長的時間，它忽略了疾病會反覆發作的性質。活泉之家也知道建立信任需要時間，信任使得依賴有可能對會員有益處。信任使會員走出他們的舒適圈並承擔風險，因為他們相信如果他們遭遇挫敗，職員將為他們提供支持。

關係取徑的限制

　　Glickman（1992）在他的文章〈如果沒有人想要做午餐怎麼辦？〉中，提出了工作社群面臨最棘手的問題之一：會員選擇。當一種治療假定參與者的選擇對它的有效性是不可或缺時，「選擇」在決定會員資格和參與方面扮演重要的角色。當會員選擇不參加，或者如果他們參加了卻覺得坐下來喝咖啡就夠了，活泉之家沒有強制參與的機制。毋庸置疑，這種情況代表對目前治療計畫結構的有效性，需要進行持續的反思和創新。但它也表明了工作社群對整個精神疾病群體的適用性的限制。該方法受到目標個案族群的選擇和行為的限制。

　　我們意識到，僅憑污名並不能解釋為什麼會員會面臨社會排斥。會員們自己可能會表現出造成社會負擔的行為。而作為該社會的一個縮影，活泉之家並不能免於做出導致會員被社群排除的類似決定。在活泉之家的工作日結構中形成的重要信任關係，在很大程度上使會員和職員能夠處理那些在活泉之家外通常會引起恐懼和排斥的精神症狀。然而，如果是破壞會所作為工作社群的平穩運行，或是濫用其信任的行為，都會需要紀律的介入。例如，竊盜破壞了活泉之家文化中普遍存在的開放和信任，對待這樣的行為幾乎沒有任何寬容。換句話說，不是精神疾病將社群會員排除在外，而是這

些會員能控制的伴隨行為導致他們被排除在外。酒醉、吸毒、憤怒和口頭辱罵的會員會被要求暫時離開會所。此外，如果這些行為變成習慣，會員需要在重新加入前尋求適當的諮商。實際上，當被迫選擇個人或社群時，活泉之家將選擇保護社群。

單就活泉之家的工作社群而言，它並不是社會所尋求的心理健康服務需求的綜合解決方案。然而，活泉之家明白，如果其內部的合作方法在外界重現，加上其他心理健康工作者和關心的公民，可以開始為患有嚴重精神疾病的人們解決社區服務的危機。正如後記中所討論的，與社區中的其他工作者和機構合作時，以復元為導向的工作社群可以提供全面、具有成本效益的解決方案。

後記
社群中的復元場所

這不是美國的故事。是的，我們是堅定的個人主義者。是的，我們堅強、自力更生……但是，在我們的歷史中始終存在著另一條軸線──即我們相信彼此是聯繫在一起的信念，以及有一些事情，我們只能作為一個國家一起完成。

──歐巴馬

雖然美國人一直很重視個人主義，但他們同樣重視社群。
　　── E. J. DIONNE，《我們分裂的政治精神》

　　擁有一個像活泉之家這樣的工作社群的想法，是當今社區心理健康系統所需要和缺失的。儘管人們幾十年來已經能接受「患有精神疾病的人能夠在社區中生活」這一觀念，但社會未能提供所需的服務範圍和深度，以便他們能夠以有意義和有生產力的方式生活。隨著心理健康政策制定者和工作者努力設計復元系統，越來越清楚的是，單單只是住院治療和減輕症狀的醫療取徑不再是足夠的心理健康服務。此外，雖然在不同的復元面向採用多樣服務的模式很受歡迎，包括就業、教育、社會功能，甚至靈性部分（Whitley & Drake, 2010），提供這些服務的最佳方式和如何實現預期效果，仍然是個問題。

目前的辯論圍繞在促進社區內患有精神疾病的人，融入社會的最佳方式。一種觀點認為，專業和相關服務應直接供應給社區中的個人。這種取徑被稱作自然支持（natural-supports）或活生生的（*in vivo*）取徑（Rapp & Goscha, 2006）。從這個觀點來看，社會融合是一種正常化的形式，其中「障礙者生活、工作、娛樂和主導他們的日常生活，與非障礙者有相同的機會。」（p. 28）因此，支持者認為安排障礙者在特定場所是一種「隔離」，違反活生生的（*in vivo*）倫理。實際上，**自然支持取徑**的推動者繞過傳統的聚集場所和社區中心，他們試圖利用個人的適應能力和環境的自然資源，支持障礙者在社區內獨立生活。

另一種觀點從活泉之家的經驗和自助運動（self-help movement）（Chamberlin, Rogers, & Edison, 1996; Clay, 2005; Mowbray et al., 1988）中產生，叫做**互助取徑**（*mutual aid approach*），提倡在社會中建立空間，使患有精神疾病的人可以相遇、組織和利用他們的才能互相

專業知能　　活泉之家：
　　　　　　合作型復元中心　　互助支持

幫助。在這個觀點下，活泉之家代表了一個合作型復元中心，在這裡，有和沒有精神疾病的人每天都能以富有成效的方式聯繫起來，以支持精神病人在社會中的進步。[1] 我們建議當今社區心理健康服務系統所需要的，是有一個像活泉之家工作社群的場所，藉著職員和會員的互助，來促進其會員的精神復元潛力。

支持復元

　　社會隔離已成為患有精神疾病的人面臨的頭號問題。大多數受精神疾病影響的人往往會退縮和孤立。許多人過的是一種寂靜絕望的生活。正如我們所討論的，許多以前住過院的病人雖然生活在社會中，但實際上並不是社會的一部分。家人比大多數專業人士更瞭解這個問題，因為他們通常是最終的照顧者。但即使是擁有豐富資源的家庭也會受到這個問題的困擾，他們看著自己的孩子直到成年都在家中生活。我們也看到了生活中沒有目的或意義的人，以及那些感到無助的人，轉向採取激烈措施來減輕他們的痛苦。極端的社會孤立可能導致自殺（Trout, 1980）。

　　在過去十年之前，社區對於有嚴重精神疾病的人，最常見的支持方式是每週一次治療師的訪視和每月一次精神科醫師的藥物診療。然而，現在使用治療師作為主要支持者的做法已被縮減，病人

每月只需與精神科醫生會面一次,通常 15 分鐘,針對藥物監測和處方調整（Lehman et al., 2004）。取代治療師的是某種形式的個案管理。[2] 此外,由於社工服務和醫療服務在社區內的地點不同,獲得服務的過程變得複雜。個案為了獲得幫助而需要前往不同地點或機構,這實際上損害了綜合體系所宣稱的照護連貫性。由於案主經常在這些服務中迷失方向（通常在此過程中流失）,因此引入了個案管理師的角色,[3] 以幫助案主跟未整合的社區服務連接。正如 Rose（1992）所描述的那樣,「個案管理實踐的設置,是基於大型服務提供系統內和不同服務供應系統之間的照護不連貫性。」（p. vii）個案管理承諾提供連貫的照護,為應對能力受損的人群在面對如此複雜的環境時,提供全面和綜合的服務。

個案管理模型的基本公式很類似。其專業責任的性質和程度通常包括每週會議、福利諮詢、連結居住資源,以及醫療或精神科服務。最近,就業服務已添加到服務清單中。有些個案管理師及其團隊被要求直接協助個案獲得福利或住所,但大多數個案管理師都只負責協調其他單位來提供協助。

這樣的服務系統被視為全面的設計,因為它提供了一系列的計畫選項,在評估案主的需求之後來提供服務。在大多數情況下,這些措施還遵循個人化的服務系統方法（如在第 3 章中描述）,該方法把焦點放在為案主或病人提供服務的個別專業人員。這種方法被認

為在設計上具有美國特色。有時間限制、分散的服務反映了美國人對於社會福利的粗獷個人主義理想（Hofstadter, 1944）。正如 Lamb（1994）在比較美國和英國心理健康社區支持系統時提到「為了幫助人們盡可能在最低限度支持下獨立，美國人強調習得技能以及技術導向方法的重要性。」（p. 1019）這種制度的前提是，他們相信一旦這些介入措施成功完成，無論是治療還是支持就業，個人都應該會成功復元並準備好在社區中獨立。另一方面，在英國，要幫助人們適應他們的環境，技能習得往往排在第二位。我們的解決方案，即工作社群，是一種培力策略，而不僅僅是一種「機械式修復」的策略，它包含了會員參與自身復元的過程。

許多計畫還是提倡活生生的（*in vivo*）或自然支持（natural supports）的方式。他們的前提是只要在社區中獨立生活，就可以找到非心理健康方面的足夠支持，提供各種機會或「自然支持」。在這種理解下，個案管理師應該幫助他們的案主得到社區中的資源，這些資源將支持他們走上復元之路。這些計畫進一步假設社區歡迎患有精神疾病的人，並且相對沒有污名的問題。

然而，幾乎沒有證據證明這是社區中實際發生的事情。雖然這種方法表面上看來為人們提供了一定程度的獨立性，但它也常常會讓他們自生自滅。實際上，當代社會還有另一種觀點認為，支持活生生地（*in vivo*）融入社會的可能性正在消失（Putnam, 2000）。對

於活泉之家的會員,以及任何患有精神疾病的人,社會仍然可能是一個充滿敵意的環境。無論是在工作中、學校裡、公寓裡還是在餐館中,對於患有精神疾病的人的污名,在世界中許多方面都是強烈而真實的。患有精神疾病的人面臨的兩難困境,其中一個例子是,對於返回學校的學生來說,自我揭露的問題令人不安(Dougherty et al., 1996)。[4] 大多數人選擇不向雇主透露他們的心理健康問題,許多人不願意將他們的心理健康狀況告訴男朋友或女朋友。我們的會員生活在現實世界中,而不是理想化的世界。實際上,患有嚴重精神疾病的人每天都會遭遇到各種形式的污名,使他們被旁人恐懼或懷疑。我們也許可以在未來理想世界消除污名,但在當今世界,擁有一個安全、可以自由作自己的地方是復元的關鍵。

　　同樣正確的是,許多患有精神疾病的人的行為經常被社區的人誤解。在現實世界中,公共場所中的奇怪行為或失控情緒很容易導致報警的問題,這就是為什麼這麼多患有精神疾病的人最終入獄的原因。為了建立一個有效的支持系統,必須認識到這些負面行為的現實,以及精神病人者所處的困境。然而,活泉之家不只看到個人的缺陷,而是更全面地處理問題——這些問題是社會孤立的附帶後果,以及一種對人類陪伴以提供支持的需求的表達——並建議有一個場所,讓患有精神疾病的人可以聚集在一起,克服他們的孤立感,並在他們的生命中找到意義和朋友的支持。

同儕支持計畫

　　支持上述觀點的社區心理健康服務中，產生的一個正面方向是同儕支持計畫的發展（Clay, 2005; Solomon, 2004）。同儕支持計畫營運的社區資源中心贊助各種自助計畫，試圖在有精神疾病的成年人中建立支持性的社交網絡。這些計畫將同儕營運資源計畫和同儕倡議，視為前病人（ex-patient）未來在社區中生活的基礎。這些方法的證據仍然有限，但它在精神病復元方面具有建設性作用，尤其在將同儕當作心理健康團隊的策略性資源方面上更顯著。[5] 與此相關的是，Mandiberg（2010, 2012）倡導將重點從專業服務轉向社區發展的觀點，通過復元者及其組織所擁有和經營的企業，提供社會融入的潛力。

　　支持成員復元的早期互助觀點擁護者（Anderson, 1998），包括活泉之家，以及遵循其榜樣的會所，都繼續培養一個由專業人士和同儕組成的社會支持網絡（Carolan et al., 2011; Waegemakers Schiff, Colman, & Miner, 2008）。因此，我們建議採用與自然支持有別的方法，特別是考慮到所有未能從主流的個人化服務系統取徑中受益的人，以及那些忽視社會隔離對社區中精神病人影響的現有計畫數量。它具有成本效益的額外優勢，因為研究顯示，由會員和職員肩並肩提供服務的工作社群，其相關的工作成本是傳統專業人員

運作的治療方案所產生的成本的一半到三分之一（McKay, Yates, & Johnsen, 2007）。

合作型復元中心

活泉之家工作社群（即合作型復元中心）顯然源於美國社會的一種社群傳統（Hofstadter, 1944），在此傳統中，生活在一個社區中，會產生伴隨而來的關聯感和責任感。在社區中生活不僅僅是生活在某個地點（location）。如前所述，社區是關係性的，涉及到這樣的感覺：「我」作為一個人，是更大的事件中不可分割的一部分（Sarason, 1974）。真正生活在社區中，是在該社區中擁有一個「位置」（place），在那裡人們參與其活動，並被認為是不可或缺的貢獻者。因此，社會位置是每個人社會需求的重要成分，尤其是活泉之家的會員，因為許多人已經在這個世界上失去了自己的位置（place）。

活泉之家建立在一個場所中的事實，並不意味著它是機構化的取徑。與地點（location）相對的是，場所／地方（place）的本質為病人和個案建立明確的存在。在個人化的服務系統取徑中，人們沒有「地方」可以去。例如，Mancini（2006）報導了來自消費者運動中人們的敘述，他們談到了一種完全不同的「**地方**」體驗，他們

「在負面的環境中被隔離,此環境加強了那些傳達他們生病、脆弱和無能的信息。他們被診斷標籤轟炸,強化了他們作為『精神病人』的身分。這導致了壓倒性的絕望感⋯⋯這些信息被強制性、父權和冷漠的專業人員和系統有效地傳達了。」(p. 17)

相比之下,在活泉之家中作為一個社群的成員,意味著成員有一個可以去的場所,他們不必在日常中被污名宰制。就像移民一樣(Mandiberg, 2010),有精神疾病的人依靠社交網絡來支持他們成功融入社會(Carolan et al., 2011)。或者,正如 Beard(1978)所描述的那樣,人們需要一個「被需要、被期待的地方。他們需要被想念。他們需要有人可以分享好消息和壞消息。他們需要有人可以分享他們的秘密。有秘密卻沒有人可以說是一件很糟糕的事情。」(p. 18)

為社區提供一個場所,會員可以來重新獲得他們的「人觀」(personhood),找到意義,並參與一個由朋友和同事組成的社會支持團體,活泉之家在此過程中一直擁有關於治療患有精神疾病的人的正面敘述。許多會員第一次來活泉之家時,沒有任何明確的目標。我們理解當時機到了,會員就會做出貢獻並開始重新進入社群的第一步。有時,動機來自重大事件,譬如就業或居住;但動機也可來自去看棒球比賽或清潔碗盤。我們永遠不確定哪個活動或事件會觸發第一步,但是被需要的感覺是動機的關鍵。逐步參與社群和這些活動,醞釀了實現個人目標的動機。此外,有其他夥伴、其他會員

作為同儕來分享經驗，在復元過程中，跟擁有溫暖的專業職員一樣重要。

實際上，擁有一個屬於自己的地方，既是社會的一部分，又與社會分開，這使我們的會員能夠每天輕鬆來回，在社會中扮演他們想要的角色，並在必要時回來會所接受滋養和強化，能再次回歸更大的世界。隨著工作社群增加援助和支持，我們鼓勵每個會員平衡他們在工作社群和更大社會的時間。Walter 是一位長期會員，年輕時來到活泉之家。他去 Con Edison 工作了 20 年，但他繼續保持聯繫並在退休後回來活泉之家。他回饋他所選擇的社群，即活泉之家。因此，在充滿污名的世界和試圖將污名最小化的場所之間移動，我們建立成功所必需的個人力量。事實上，會員們將活泉之家描述為「一個可以來的地方，一個從事有意義工作的權利，一個建立有意義關係的權利，一個可以回來的權利。」[6] 因而，我們的工作社群方法誕生於社會中社群網絡的**地方感**及其隨之而來的價值觀。

我們經常被問到，創造一個有意義和關懷的環境，是否會讓人們不再繼續前進。年度註冊顯示，大多數會員實際上都在繼續前進；大多數人只在活泉之家停留一兩年（但他們會回來拜訪）。無論會員停留多長時間，他們都有權獲得長期支持，並且能夠經由各種管道獲得資源。我們從實踐中學到，擁有一個地方可以去和有一個地方可以回來，對每個人都至關重要，但對於經常處於社會孤立的

人來說尤其如此。我們的會員失去了這些社會聯繫；或者更可能的是，即使獲得一些支持，但不足以茁壯成長。正如一位活泉之家會員和堅定的浸信會信徒 Ronald 所解釋的那樣：「教會的人們嘗試了，但他們還是不瞭解有精神疾病的人。」或者，像活泉之家會員、董事會成員和支持性就業部門經理 Michael 所表示的，「我並不是在活泉之家逃避世界，我是在幫助世界成為更好的地方。」

在一個工作社群中，建立場所是為了促進有精神疾病和沒有精神疾病的人之間的聯繫，以合作方式支持會員復元。我們 60 年的實踐證明，有效的非剝削性環境是可以被成功創建的。如果我們連在心理健康體系中為這種融合建立場所都辦不到，那麼我們對在更大的社會中實現它，還能有什麼希望？我們的工作社群是在心理健康服務體系和更大的社會之間運作的。與庇護環境或很久以前的療養院所不同，工作社群的邊界是開放的；它們與更大的世界是連通的，同時也保持明確的支持架構。如此，我們的工作社群是一個「應急社區」（emergent community）（Lewin, 1992），作為會員的入口，鼓勵他們移動和成長到更大的社群。有一個地方可以回歸對我們會員的復元至關重要。在整個區域建立這些工作社群，將提供一種不同的介入治療來支持患有精神疾病的人，且為他們提供所需的服務，例如就業和居住。它們反映了一個自我供能（self-energizing）的社群，致力於所有會員的復元。因此，我們有意識地選擇從私部

門籌集一半的資金，以進一步將我們的會員與更大的社會聯繫起來。

整合社群支持中的夥伴關係

活泉之家一直致力於為有嚴重精神疾病的人，提供與社區心理健康中心相同脈絡的整合取徑。雖然我們始終認知到心理健康和精神疾病的生理問題是真實的，並且不會僅僅通過環境介入來解決，[7] 但我們發現相反的觀點同樣真實，這些問題不會僅通過臨床介入來解決，無論是藥物、治療還是其他一些醫療介入措施。否認臨床問題的現實對會員沒有益處，但同樣正確的是，不瞭解且不考慮一個人的日常生活是短視的。在社會中復元（即心理健康復元的定義）意味著承認人們面臨的心理健康問題有一些真實且獨特的成分。同時，活泉之家是在藥物治療出現之前成立，它建立在對人類精神恢復力的信念上，並且至今仍繼續按照這一信念運作。但為了實現成功融入社會的目標，活泉之家始終認識到問題的複雜性，並且必須與社會中的其他成員建立夥伴關係。最重要的是它與雇主（藉由過渡性就業）及社區精神醫學的夥伴關係。

在過去15年內，活泉之家一直在開發一種基於社區的復元方法，將其工作社群概念與健康服務中心（Sidney Baer 中心）相結合，包括精神科服務。該中心旨在為患有精神疾病的人提供全面的

社區支持，以便生活在社會中（Aquila et al., 1999）。鑑於患有精神疾病的人嚴重身體健康問題的高發生率，目前的研究強調將精神科與一般衛生服務相結合（Parks et al., 2006）。活泉之家將此概念進一步發展，增加了工作社群。由此產生的醫療和精神資源的混合體，與工作社群一起創建了一個專注於病人／會員復元的團隊。

　　這種聯盟解決了短暫相遇的嚴格治療關係的侷限性，這種關係僅關注疾病的症狀，只有部分資訊可用於診斷目的。取而代之的是，「復元聯盟」讓會員及其職員都成為復元過程中的主動者，為此過程增添了重要價值。醫療、精神科工作人員以及社會從業者，都欣賞「選擇」在復元過程中作用的微妙之處。會員可自行決定邀請其會所或住所的職員（或任何其他會員、朋友或家庭成員）陪同他們到診所。社會實踐者和其他花費大量時間與會員相處的人，能夠向醫生提供獨特原因的見解，例如為什麼某人沒有服用藥物，或日常功能方面的困難。此外，這種聯盟結構擴大了調查的視角，使整個團隊能看出就業、健康、居住和教育的目標對會員長期福祉的重要性。隨著 Baer 中心的建立，活泉之家還在基本的會所運作中增加了一個健康部門（Lewis 健康中心），以強調飲食和運動在嚴重患有精神疾病的人復元方面的重要作用。結果，該聯盟已經及時發現、治療糖尿病和心臟病等重大疾病，並且達成每年再住院率低於10%。

　　活泉之家還發現，很難吸引精神科醫生和全科醫生，在嚴重患

有精神疾病的人的社區中工作。缺乏足夠的資金限制了任何有效實踐的能力。另一方面，活泉之家不斷努力為精神科醫生創造一份令人滿意的工作，並促進醫生與會員之間的長期關係，特別是在復元方面。我們的精神科醫生和全科醫生診所，實際上有一種不同類型的醫療照護實踐，其中醫生更像老式全科醫生，他們根據對病人生活的瞭解來調整他們的治療；就我們的情況來說，就是根據對他們復元過程的瞭解來治療。我們每位醫生都可以花費超過標準的15分鐘與病人相處，並且還可以協調病人的復元目標，例如工作、就學或居住，以及身體健康。提供精神科醫生與會員和職員合作的額外時間，能確保沒有干擾因素阻礙進展。

我們希望，能有更多這種工作社群網絡與醫療、精神復元診所聯手，為有重大精神疾病的人提供必要的醫療和社會支持，以便在當今世界生存和發展。

活泉之家早於精神藥理學和去機構化的出現。即便如此，活泉之家始終相信人類精神的復元力，以及在社區中需要一個能夠實現精神病人美好生活願景的場所。

我們在本書中一直認為，活泉之家的持續和成功最終建立在其事業的社會性質上。活泉之家是一個為支持其會員的精神復元而肩並肩工作的社群。因此，它納入了長期以來一直是精神醫學和社會工作的主要方法：提供有目標的機會和多元、有意義角色的任務團

體方法；移民和受苦人群通常採用的互助框架；以及睦鄰之家運動的公共倡議。我們的方法將社會實踐者的專業知識與社會正義、人性尊嚴和會員培力的理想相結合，這既激勵了專業人士，也激勵了志願者。通過創新和反思來調整和整合這些實踐，活泉之家已經發展出一種精神復元的標誌性方法——工作社群。它可以傳遞、成本效益高，並且能夠在全世界採用。

活泉之家理解患有精神疾病的人為很深的孤立感所苦。我們的目標是讓被排除在大社會之外的人融入社會。這是今日心理健康機構所共有的目標。然而，我們拒絕了這些機構在策略上的狹隘界限，並建議採用更廣泛的取徑。活泉之家展現了被心理健康機構忽視或拋棄的，建立在人文主義和進步思想之上的社群傳統和優點。與後民權時代的人一樣，我們理解法律的通過和對權利的確認雖然是光榮的事情，但不足以實現患有精神疾病的人參與社會的夢想。我們讚賞消費者運動，並要求社會中有場所可以彌合心理健康服務系統與更大社會之間的鴻溝。一個應急（emergent）的工作社群，就像一座堅固的橋樑，可以跨越世界的混亂和精神健康照護體系的孤繭之間的鴻溝，並不斷支持其會員進入更大的社會。社會中的工作社群，為會員提供了探索和理解生活方式所需的時間和空間，像活泉之家這樣的社群繼續開發創新技術，來支持這些努力。此外，它的合作性質，意味著它可以聚集各種公部門和權益相關人（特別是

商業和衛生部門）的不同利益，與之形成務實的夥伴關係，以提供社會能夠策劃的整合照護社群。我們希望藉由闡明獨特社會實踐的理論基礎，本書能鼓勵人們對工作社群廣泛應用的興趣和討論，以實現我們的共同願景，即患有嚴重精神疾病的人，可以在我們的社區中生活和茁壯。

致　　謝

　　這本書的起源可以追溯到十多年前，當時本書的作者之一：Alan Doyle 參加了活泉之家（Fountain House）前教育和培訓總監 Rudyard Propst 的講座。每兩年，來自世界各地的活泉之家追隨者會面，討論其實踐及相關原則。Propst 作為會議的重要發言人之一，指出 John Beard 是他的導師，也是他對活泉之家所有理解的來源。然而，在整個會議期間，Propst 的這些話是唯一公開提及這位在運動起源中明顯扮演關鍵角色的人。顯然，有必要進一步探索 Beard 的影響。因此，當時活泉之家的執行董事 Kenneth Dudek（也是本書的另一位作者）請活泉之家的一名員工 Stephen Anderson 調查 John Beard 的思想在活泉之家的形成中所扮演的角色。Anderson 是這項調查的自然選擇，因為他之前已經出版了關於活泉之家歷史及其對更廣泛會所運動影響的著作《我們並不孤單》(*We Are Not Alone*, 1996)。

在 Anderson 的研究過程中（Anderson, 2005），我們意識到活泉之家並非僅僅是 John Beard 一人思考的結果，而是反映了當時更廣泛的社會和精神醫學運動。2008 年 1 月，活泉之家舉辦了一次實務工作者和研究者的座談會，進一步探討其概念基礎。在討論中，出現了兩種實踐模式：一種反映了以人為本的環境方法，強調改變社會結構；另一種則集中於塑造會員與職員之間的人際關係品質。Julius Lanoil（本書的第三位作者，曾在 1960 年代和 1970 年代擔任 John Beard 經營時的活泉之家計畫總監）在討論中指出，今天的活泉之家實踐反映了當代幫助關係中的典範方法。他被邀請參與制定一個統一的知識框架，用於理解活泉之家實踐的本質。

感謝許多人在這些年中，為本書的形成過程貢獻了想法。Stephen Anderson 對活泉之家歷史的研究反映在第 2 章中。活泉之家的同事 Elliott Madison 在制定社區概念的統一框架時，作為這項工作的重要推動者，貢獻了極大的智慧；另一位活泉之家同事 Jeffrey Aron 則在語言準確性上時時提醒我們。活泉之家董事會成員 Howard Owens 醫師為我們提供了與精神疾病相關的技術問題建議。我們還要感謝哥倫比亞大學社會工作助理教授 James Mandiberg 指導我們的研究方向；Pauline Nicholls 為我們提供了國際視角和支持；編輯們 Jacquelyn Ardam、Anna Jarachowski 和 Jacques Engelstein 及校稿員 Jan McInroy，在潤飾我們的文章及核對事實和引文方面做出了

貢獻。Seri Doyle 和 Barbara Lanoil 在整個過程中提供了鼓勵。我們也要感謝哥倫比亞大學出版社的高級執行編輯，最初是 Lauren Dockett，現在是 Jennifer Perillo，她們始終相信我們的計畫，並在過程中提供了指引。

最後，若非活泉之家會員們的勇氣，這本書永遠不會誕生。在過去六十多年中，這些會員表現出他們對活泉之家的忠誠和承諾，將其維持為一個恢復他們生命意義和成就的重要元素，也幫助了其他患有精神疾病的人。活泉之家社群的會員是活泉之家存在的唯一動力，也是其有效性的活生生證明。這種情感由活泉之家最早的會員之一 Michael Obolensky 在 1943 年寫給 Elizabeth Schermerhorn 的信中表達出來，Schermerhorn 是活泉之家基金會的創建者。Obolensky 懇求這位來自羅克蘭州立醫院（Rockland State Hospital）的長期支持者：「不要放棄我們」（do not give up on us）。《活泉之家》這本書，是我們堅守承諾、不放棄會員的另一個章節。

年　　表

1944 年 「我們不孤單社團」（the We Are Not Alone Society, WANA）首次正式會議在曼哈頓第三街的基督教青年協會（YMCA）舉行。這次會議源自於在 Rockland 州立醫院形成的自助團體，由前病人 Michael Obolensky 和志願者 Elizabeth Schermerhorn 組織。當時有十名會員和 Schermerhorn 女士出席。

1947 年 WANA 逐漸衰退，重組的必要性變得明顯。主要關注點是團體的管理不穩定，以及需要一個屬於自己的建築物。

1948 年 Elizabeth Schermerhorn 和她的朋友 Hetty Hemenway Richard 在西 47 街 412 號找到了一棟待售的褐砂岩建築。

1948 年 活泉之家基金會正式成立，並擁有一個由五名董事組成的董事會，包括 Schermerhorn 女士和 Richard 女士。同時，

活泉之家互助會（Fountain House Fellowship），由前病人（former patients）組成，作為一個獨立的組織在基金會的支持下成立。該互助會主要在晚上和週末提供社交和娛樂活動。

1955 年 來自密西根的 John Beard ——富有創新思維的社工——被任命為執行長。他立即邀請失業的會員在白天與他一起修繕建築物。

1956 年 活泉之家互助會解散，所有會員受邀重新加入成為一個統一的組織。

1957 年 活泉之家在美國專利局註冊為服務商標。

1958 年 第一批就業安置項目（後來稱為過渡性就業）得以落實。

1958 年 活泉之家開始為社區中的公寓簽訂租約。董事會成員 Hetty Richard 親自簽署了其中許多租約。

1959 年 國家精神衛生研究院（National Institute of Mental Health）向活泉之家提供了一項為期兩年的研究資助，用於比較參加日間方案的會員與未能參加活泉之家服務的會員。研究結果顯示，活泉之家成員的再住院率降低了 30%。

1965 年 西 47 街 425 號的新建築正式落成。

1974 年 活泉之家購買了主樓西側的六棟褐砂岩建築。其中兩棟被改造成埃拉比賓館（Ellabee Guesthouse），用於接待來活泉

之家接受培訓的同事。

1975 年　位於紐澤西州蒙塔古（Montague）的高點農場（High Point Farm）由前董事會成員 Karl Keller 遺贈給該組織。

1976 年　零食吧和樓中樓面（mezzanine）被加入作為青年中心。開始第一個活泉之家的青年計畫。

1976 年　活泉之家獲得了國家精神衛生研究院的多年期資助，以建立一個全國培訓計畫，將這一模式教授給社區組織。

1981 年　第一個國際研討會在巴基斯坦拉合爾市（Lahore）舉行，由 M. R. Chaudhry 博士組織。

1982 年　John Beard 在與肺癌鬥爭兩年半後去世。James Schmidt 接任執行長。

1984 年　活泉之家在西 47 街 441 號開設住宅，這是全美首個由美國住房和城市發展部（HUD）資助的精神健康住宅。

1985 年　緊鄰活泉之家的四棟褐砂岩建築經過翻新，並命名為范·阿美林中心（van Ameringen Center）。

1989 年　經過整個會所運動的長時間討論和辯論後，會所準則（Standards for Clubhouse Development）正式被採納，這些準則概述了活泉之家社群的指導原則。

1992 年　「店鋪」（The Storefront）開設，這是一個會員可以在此接受精神病和初級醫療護理的會所外辦公室，與聖盧克－羅

斯福醫療中心（St. Luke's Roosevelt Medical Center）合作運營。

1992年　Kenneth Dudek 被任命為執行長。

1994年　國際會所發展中心（International Center for Clubhouse Development）成立。

2000年　活泉畫廊（Fountain Gallery）開幕。

2003年　第一屆年度午餐座談會在耶魯會所（Yale Club）舉行。

2011年　路易斯健康部門（Lewis Wellness Unit）在活泉之家啟用。

2011年　活泉之家與聖盧克-羅斯福醫院開設了悉尼‧貝爾中心（Sidney Baer Center），這是一個將身體健康、行為健康與全方位健康整合的復元設施，專門為活泉之家會員提供服務。

術語表

活泉之家（Fountain House）運用了新的術語，來描述其支持患有精神疾病的人復元的實踐。如「**工作社群**」（*working community*）和「**社會實踐**」（*social practice*），是我們獨特工作方法的描述。我們在此提供這些語詞的詞彙表，作為讀者的初步參考。

活動團體治療（Activity Group Therapy, AGT）
John Beard 和他的同事們在 1950 年代早期於偉恩郡綜合醫院（Wayne County General Hospital）實踐的一種治療方法，鼓勵病人參與一般的小組活動（例如，投擲球或進行戲劇朗讀）以促進精神疾病的復元。

俱樂部（club）

活泉之家的功能和活動是模仿 1950 年代的社交俱樂部，故以俱樂部來描述自己。

會所（clubhouse）

這個詞通常被運用於模仿活泉之家模式的計畫（其中一些與本書描述的模式毫無相似之處）。我們更偏好使用「工作社群」來描述活泉之家的工作方法。

Eloise

偉恩郡綜合醫院（Wayne County General Hospital）的暱稱，位於底特律郊外。John Beard 於社工研究生實習期間在那裡學習「活動團體治療」。

會員（member）

活泉之家參與者的稱呼，而不是病人或案主，以彰顯他們在營運「工作社群」中的角色。

環境治療（milieu therapy）

20 世紀中葉常見的精神健康治療方法，期待所有接觸病人的人（即患者的社交環境）都參與病人的復元過程。

動機教練（motivational coaching）

社會實踐的一部分，重點是活泉之家工作人員與會員形成一對一的支持性關係。

復元（recovery）

當前精神健康的理念典範，強調即使患有精神疾病的人也能在社會中獲得滿足且富有生產力（productive）的生活。

社會實踐（social practice）

活泉之家促進會員參與工作日活動並形成「工作社群」的實踐方法。

準則（standards）

1989 年由活泉之家與全球其他會所共同制定的一系列原則，定義了活泉之家工作方法的基本框架。

轉化性設計（transformational design）

社會實踐的一部分，旨在將活泉之家組織為一個以人性、基於優勢並培力的地方，讓會員能為社群做出自己的貢獻。

WANA（We Are Not Alone）Society

活泉之家的前身組織，由一群羅克蘭州立醫院（Rockland State Hospital）的前病人及其富有的贊助者在 1940 年代中期成立，旨在為離開醫院的人提供住房和工作支持，並促進社交活動。

工作社群（Working community）

用來描述活泉之家及其工作方法的一個用語，該方法旨在幫助患有精神疾病的人復元並實現社會包容。

備　　註

導　　論

1. 此參考文獻列為 ICCD 會所模型，並以活泉之家為其來源。1994 年，活泉之家成立了國際會所發展中心（ICCD），負責建立和協調依據其創新理念運作的模式化之計畫網絡。
2. **道德治療**（*Traitement moral or moral treatment*）是 18 世紀末由著名的法國醫生菲利普皮內爾（Philippe Pinel）為患有精神疾病的人開發的一種心理治療。它強調治療觀察與討論，並營造一種有助於人道與關懷取徑的環境。
3. **去機構化**（*Deinstitutionization*）指的是將大量患有嚴重精神疾病的人從精神病院轉移回社區，強調最少限制的治療環境（Rosenberg & Rosenberg, 2006）。

4. 根據聯邦醫療補助計畫（Medicaid）的復健選項——《社會安全法》第1905（a）（13）條——各州有權選擇是否補助非醫療性治療，如就學或就業輔導。

5. 請參閱後記中的有關 Sidney Baer Center 對於活泉之家復元為中心概念的討論。

6. 截至 2012 年，分布全球每一大洲已有超過 340 個會所聲稱忠實遵循活泉之家的模式（國際會所發展中心，2012）。

7. 尤其是 Jackson 的教科書《會所模型》（*The Clubhouse Model*）（2001），該書探討了會所的結構，作為學習通才社會工作實踐的案例研究；另外，Mandiberg 的博士論文（2000）則聚焦於影響該模式推廣的因素。當今多數精神復健計畫方案，除了少數認可活泉之家在形成歷史中扮演的角色之外（Sowbel & Starnes, 2006, p. 25），活泉之家在社會工作教科書僅僅略微被提及，且幾乎不曾在社會工作學校中，作為當代心理衛生理論和實務的傳統學習模式。

8. 活泉之家使用「**工作社群**」（*Working community*）這個術語來描述其標誌性的精神復元方法，而非使用「**會所**」這個詞。對許多人來說，「會所」這個詞與活泉之家同義，許多出色的方案使用這個術語來標識自己。不幸的是，隨著該術語使用的數十年來，一些方案採用它廣泛地作為許多種實務的說法，從而產生了對我們方法的許多誤解。為避免與「會所」一詞含義相關而產生的混淆，

活泉之家正在採用「工作社群」作為其方法的通用名稱。

9. **過渡性就業**（*Transitional employment*）是活泉之家發明的暫時性的就業安置，支持會員的社會融入；詳見第 2 章。

1 從「活動團體治療」中得到的洞見

1. 這種招募前病人來參與醫院運作的做法，與 Beard 最終採用的讓會員參與活泉之家營運的方法相似。
2. 早期的設施包括 McLean 收容所／療養院所（今天著名的 McLean 醫院）、Bloomingdale 療養院／療養院所（紐約市第一所療養院／療養院所，後來出售部分土地成為今日哥倫比亞大學 Morningside Heights 的所在地），以及由 Society of Friends 在費城郊區的賓夕法尼亞州 Frankford 設的收容所，其參照了 York 療養院的模式。
3. 第 2 章將回顧 AGT 此部分的觀點，以理解為何 Beard 拒絕活泉之家會員自組團體。因為此團體所代表的是與 Beard 理念相悖的分離主義，且此類理念至今仍普遍存在於一些消費者團體中（Borkman, 1999）。

2　再造活泉之家

1. 作者們對於哥倫比亞大學的 James Mandiberg 教授所提供的寶貴見解甚是感謝。

2. Beard 會這樣說，例如，兒童的玩耍就是一種工作。他解釋說：「你看他們在玩。當他們出去玩時，他們會經歷比我們生活中更多的痛苦。他們身體受傷，他們在人際關係中掙扎，他們真的以為自己在玩耍。我認為他們是在工作和學習。他們嘗試操控、控制和及達成目標。不論他們在做什麼，這是一種產品的感受（feeling of product，又可譯為成就感），哪怕是最簡單的遊戲，也有一種完成感。這就是我們所有人都在做的事情。」（Beard, 1978）

3. 近年來，作者們開始認識到，為了讓活泉之家計畫能夠有效地運作，擁有一個獨立的董事會至關重要。當會所隸屬於較大的心理衛生機構時，似乎總是來來去去，變化不斷。沒有獨立董事會，就沒有結構性的迫切需要以維持計畫運作，特別是一旦最初投入的職員走到他們職業生涯的下一步時。

4. 這些數字，未包含廣泛的活泉之家住房計畫的相關職員數量。

5. 社會整合的相關內容，改編自 Stephen Anderson 於 2005 年未發表的手稿。該手稿討論了 John Beard 對於形成活泉之家實務內容扮演的角色。

6. 今日，過渡性就業（TE）職缺期程被設計為六至九個月。
7. 數年後，Keller 將位於新澤西州北部的農場捐贈給活泉之家，就是大家熟知的高點農場（High Point Farm）。
8. 這些公寓沒有職員居住。所有支持均由活泉之家的職員提供。這些公寓為最早期支持性住房版本的代表之一（Hogan & Carling, 1992）。

3　工作社群的核心原則

1. 請參閱準則 15：「會員和職員在工作日中肩並肩工作使會所能夠運作。」（國際會所發展中心 ICCD, 2012, p. 18）。
2. Sarason 的支持者推動對社群心理意識的認識（McMillan & Chavis, 1986），並致力於尋找方法來檢測和量化其影響。Glynn 的研究（1981）特別與之相關，其顯示社群感與個人的能力有效發揮之間的關係。
3. 「全力推動」（Total push）是一個當時使用的詞彙，用於描述一個促進病人社會化能力的計畫（Greenblatt, York, & Brown, 1955, p. 357）。
4. 活泉之家將其會員資格限縮於思覺失調症、躁鬱症和重度憂鬱症診斷者。資格限制是一種權宜之計，而非必要的處遇原則。資源

管理要求限縮在能同一時間服務的會員數量。因此，儘管活泉之家認為其設計具有普及適用性，但實際適用限於一個可管理的目標群體。至於更廣泛的應用，則留待他人決定。

5. 活泉之家聘用具有社會工作碩士學位（MSW）的職員，或擁有其他領域學位者，如教育、就業、人類學、哲學、社會學和諮商。

6. 一般來說，規範組織所採用的策略包括參與、回饋（包括評估和追蹤）、社會意識和教育。正如 Etzioni（1961）的解釋：「規範組織的服從原則上持續在內化被接受為合法的指令；領導力、社會和聲望象徵的操作，以及社會化是在其中更重要控制技術之一。」（p. 366）由於活泉之家全部採用了這些策略，有些人可能會將活泉之家標籤為純粹的規範組織，利用其道德力量來實現社會服從及其會員的高度參與。然而，這個問題的影響是其暗指會員需順從（submission）於職員的權力和指示。會員的選擇普遍地貫徹在工作社群中，破壞了從屬（submission）的關係。某種意義上，活泉之家代表了一種規範組織與社會交換型組織的混合體，其中權力與關係被定義於從面對面的參與中發展出來。像這樣的組織，如活泉之家所闡明的，減緩職員對控制的需求，而夥伴關係則普遍存在。

4　定義社會實踐

1. 作者感謝 Marianne Kristiansen（2006）提出了「**社會實踐**」（*social practice*）一詞，用來描述本書所稱的專業方法。

5　轉化性設計

1. 「通過數字的說服力，多重建模增強了替代經驗的力量。」（Bandura, 1997, p. 99）

6　動機教練

1. **負性症狀**指的是正常思維、情感或行為的削弱或缺乏，特別是思覺失調症患者。思覺失調症的研究指出，治療負性症狀，如：動機不足、情感減退、社交退縮、表達和動作緩慢等，應被視為「重要的臨床需求」。作者總結道：「因為針對負性症狀投入更多的心理社會治療是必需的，轉介心理社會治療是醫生治療持續的負性症狀的重要選項。」（Velligan & Alphs, 2008, p. 4）
2. 應注意當前資料證實在活泉之家的介入的基本可靠度：同時鼓勵參與活泉之家和上學。對會員蒐集的資料（Madison & Maltz,

2012）證實，規律參與活泉之家的會員更有可能取得學業上的成功。
3. 當前僅依賴於社區中自然支持（活生生的〔in vivo〕）來實現社會融合的做法，將在後記中進一步討論。

7　關係中的議題

1. 羅傑斯派（the Rogerian）諮商師使用的無條件積極關注和具同理心的理解，與精神分析使用的移情形成對比。這是因為精神分析治療師為了啟動移情，需要具備中立和情感疏離的特質，與羅傑斯派的情感表達、溫暖和接納是不相容的（Brown & Pedder, 1991; Kahn, 1985）。

後記：社群中的復元場所

1. 如果要將定位於一個以有助於復元的資源為基礎的服務連續體上——從專業人員到同儕——活泉之家將代表這兩種取向的混合體，職員具備社會實踐者的專業，在社群工作中，促進會員間的互助，以達到會員的復元。
2. 或是近期稱為「照護管理」（care management），一種提供特定限

制網絡（restricted network）的醫生和服務的保險計畫，承諾以較低的成本提供有效的照護。

3. 在美國，個案管理（case management）服務是由聯邦法律 P.L. 99–660 所規定。

4. Dougherty 等人還指出主要支持團體在幫助個人應對此類情況時的重要必須性。

5. 參見 Beeble & Salem, 2009; Corrigan et al., 2002, 2005; Pistrang, Barker, & Humphreys, 2008; Roberts et al., 1999; Verhaeghe, Bracke, & Bruynooghe, 2008。

6. 該聲明在活泉之家（Fountain House）以及模仿其方法論的全球會所中被顯著展示。

7. 事實上，活泉之家認可與有品質的精神醫療結盟，對患有精神疾病的人提供優質精神醫療的的重要性，活泉之家一直與精神科醫生合作，為臨床問題提供協助（Doyle, 2012）。

參考文獻

Addams, J. (1961). *Twenty years at Hull House.* New York: Penguin Putnam.
Alderfer, C. P. (1972). *Existence, relatedness, and growth.* New York: Free Press.
Anderson, P. (2005). *Stories of hope* (video). New York: International Center for Clubhouse Development.
Anderson, S. B. (1985). *The role of staff at Fountain House.* Paper presented at the Third International Clubhouse Seminar. New York: Fountain House.
———. (1998). *We Are Not Alone: Fountain House and the development of the clubhouse culture.* New York: Fountain House.
———. (2005). *John Beard: A fierce visionary.* Unpublished manuscript. New York: Fountain House.
Anthony, W. A. (1993). Recovery from mental illness: The guiding vision of the mental health service system in the 1990's. *Psychosocial Rehabilitation Journal*, 16(4), 11–23.
———. (2000). A recovery-oriented service system: Setting some system-level standards. *Psychosocial Rehabilitation Journal*, 24(2), 159–168.
Anthony, W. A., & Liberman, R. P. (1986). The practice of psychiatric rehabilitation: Historical, conceptual, and research base. *Schizophrenia Bulletin*, 12(4), 542–559.
Aquila, R., Santos, G., Malamud, T. J., & McGrory, D. (1999). The rehabilitation alliance in practice: The clubhouse connection. *Psychiatric Rehabilitation Journal*, 23(1), 19–23.
Argyris, C., Putnam, R., & Smith, D. (1985). *Action science: Concepts, methods, and skills for research and intervention.* San Francisco: Jossey-Bass.

Augé, M. (1995). *Non-places: Introduction to an anthropology of supermodernity* (J. Howe, Trans.). London: Verso.
Bandura, A. (1978). The self system in reciprocal determinism. *American Psychologist, 33*(4), 344-358.
———. (1989). Human agency in social cognitive theory. *American Psychologist, 44*(9), 1175-1184.
———. (1997). *Self-efficacy: The exercise of control*. New York: W. H. Freeman & Company.
Bartlett, H. M. (2003). Working definition of social work practice. *Research on social work practice, 13*(3), 267-270. Reprinted from H. Bartlett, (1958), Working definition of social work practice, *Social Work, 3*(2), 5-8.
Baylis, N. (2004). Teaching positive psychology. In P. A. Linley & H. Josepy (Eds.), *Positive psychology in practice* (pp. 210-217). Hoboken, NJ: John Wiley & Sons.
Beard, J. H. (1978). *Beard unplugged.* Transcript of videotape. New York: Fountain House.
Beard, J. H., Goertzel, V., & Pearce, A. J. (1958). The effectiveness of Activity Group Therapy with chronically regressed adult schizophrenics. *International Journal of Group Psychotherapy, 8*(2), 123-136.
Beard, J. H., Propst, R. N., & Malamud, T. (1982). "The Fountain House model of psychiatric rehabilitation." *Psychosocial Rehabilitation Journal, 5*(1), 47-53.
Beard, J. H., Schmidt, J., & Smith, M. M. (1963). The use of transitional employment in the rehabilitation of the psychiatric patient. *Journal of Nervous and Mental Disease, 136*(5), 507-514.
Beeble, M. L., & Salem, D. A. (2009). Understanding the phases of recovery from serious mental illness: The roles of referent and expert power in a mutual-help setting. *Journal of Community Psychology, 37*(2), 249-267.
Biddle, B. J. (1986). Recent development in role theory. *Annual Review of Sociology, 12*, 67-92.
Booth, F., Gordon, S., Carlson, C., & Hamilton, M. (2000). Waging war on modern chronic diseases: Primary prevention through exercise biology. *Journal of Applied Physiology, 88* (2), 774-787.
Borkman, T. J. (1999). *Understanding self-help/mutual aid: Experiential learning in the commons.* New Brunswick, NJ: Rutgers University Press.
Bornstein, R. F. (1993). *The dependent personality*. New York: Guilford Press.
Borthwick, A., Holman, C., Kennard, D., McFetridge, M., Messruther, K., & Wilkes, J. (2001). The relevance of moral treatment to mental health care. *Journal of Mental Health, 10*(4), 427-439.
Bradley, K. (1995). *Who decides to do what, and when? Decision making in the clubhouse: Process and implementation.* Paper presented at the 8th International Seminar on the Clubhouse Model. Salt Lake City.
Brown, D., & Pedder, J. (1991). *Introduction to psychotherapy: An outline of psychodynamic principles and practice* (2nd ed.). London: Routledge.

Brown, W. K., & Ryan, R. M. (2004). Fostering healthy self regulation from within and without: A self-determination theory perspective. In P. A. Linley & S. Joseph (Eds.), *Positive psychology in practice* (pp. 105–119). Hoboken, NJ: John Wiley & Sons.

Brun, C., & Rapp, R. C. (2001). Strengths-based case management: Individuals' perspectives on strengths and the case manager relationship. *Social Work, 46*(3), 278–288.

Carling, P. J., & Curtis, L. C. (1992). *Review of Fountain House sponsored housing and recommendations for further development: A report to Fountain House.* Burlington, VT: Center for Community Change Through Housing and Support.

Carmichael, D. M. (1959). Community aftercare clinics and Fountain House. In M. Greenblatt and B. Simon (Eds.), *Rehabilitation of the mentally ill: Social and economic aspects.* Washington, DC: American Association for the Advancement of Sciences, Publication Vol. 58.

Carolan, M., Onaga, E., Pernice-Duca, F., & Jimenez, T. (2011). A place to be: The role of clubhouses in facilitating social support. *Psychiatric Rehabilitation Journal, 35*(2), 125–132.

Casey, E. S. (1993). *Getting back into place: Toward a renewed understanding of the place world.* Bloomington: Indiana University Press.

Chamberlin, J. (1977). *On our own: Patient-controlled alternatives to the mental health system.* New York: McGraw Hill.

———. (1987). The case for separatism. In I. L. Parker & E. Peck (Eds.), *Power in strange places* (pp. 24–26). London: Good Practices in Mental Health.

———. (1995). Rehabilitating ourselves: The psychiatric survivor movement. *International Journal of Mental Health, 24*(1), 39–46.

Chamberlin, J., Rogers, E. S., & Edison, M. L. (1996). Self-help programs: A description of their characteristics and their members. *Psychiatric Rehabilitation Journal, 19*(3), 33–42.

Chua, R. Y.-J., & Iyengar, S. S. (2006). Empowerment through choice? A critical analysis of the effects of choice in organizations. In B. M. Shaw (Ed.), *Research in organizational behavior: An annual series of analytical essays and critical reviews* (vol. 27, pp. 41–79).

Clay, S. (Ed.) (2005). *On our own, together: Peer programs for people with mental illness.* Nashville, TN: Vanderbilt University Press.

Cohen, A.P. (1985). *The symbolic construction of community.* London: Routledge.

Cook, J. A., Blyler, C. R., Leff, H. S., McFarlane, W. R., Goldberg, R. W., Donegan, K., Carey, M. A., Kaufman, C., Gold, P. B., Mueser, K. T., Shafer, M. S., Onken, S. J., & Razzano, L. A. (2008). The employment intervention demonstration program: Major findings and policy implications. *Psychiatric Rehabilitation Journal, 38*(4), 291–295.

Cooley, C. H. (1909). *Social organization: A study of the larger mind.* New York: Charles Scribner's Sons.

Corrigan, P. W., Calabrese, J. D., Diwan, S. E., Keogh, C. B., Keck, L., & Mussery, C. (2002). Some recovery processes in mutual-help groups for persons with mental illness; I: Qualitative analysis of program materials and testimonies. *Community Mental Health Journal, 30*(4), 287–301.

Corrigan, P. W., Slopen, N. A.M., Gracia, G., Phelan, S., Keogh, C. B., & Keck, L. (2005). Some recovery processes in mutual-help groups for persons with mental illness; II: Qualitative analysis of participant interviews. *Community Mental Health Journal, 41*(6), 721–735.

Council on Social Work Education. (2008). Educational policy and accreditation standards. Retrieved from http://www.cswe.org.

Cumming, J., & Cumming, E. (1962). *Ego and milieu: Theory and practice of environmental therapy.* Chicago: Aldine.

Davis, A. F. (1984). *Spearheads for reform: The social settlements and the progressive movement, 1890–1914.* New Brunswick, NJ: Rutgers University Press.

Deal, T. E., & Kennedy, A. A. (1982). *Corporate cultures: The rites and rituals of corporate life.* Reading, MA: Addison-Wesley.

Deci, E. L. (1995). *Why we do what we do: Understanding self-motivation.* New York: Penguin.

Deci, E. L., & Ryan, R.M. (1985). *Intrinsic motivation and self determination in human behavior.* New York: Plenum.

DeSisto, M. J., Harding, C. M., McCormick, R. V., Ashikaga, T., & Brooks, G. W. (1995a). The Maine and Vermont three-decade studies of serious mental illness: Matched comparison of cross-sectional outcome. *British Journal of Psychiatry, 167*(3), 331–338.

———. (1995b). The Maine and Vermont three-decade studies of serious mental illness: Longitudinal course comparisons. *British Journal of Psychiatry, 167*(3), 338–341.

Dewane, C. J. (2006). Use of self: A primer revisited. *Clinical Social Work Journal, 34*(4), 543–558.

Dougherty, S. J. (1994). The generalist role in clubhouse organizations. *Psychosocial Rehabilitation Journal, 18*(1), 95–108

Dougherty, S. J., Campana, K. A., Kontos, R. A., Lockhart, R., & Shaw, D. (1996). Supported education: A qualitative study of the student experience. *Psychiatric Rehabilitation Journal, 19*(3), 59–70.

Doyle, A. (2012). Fountain House and community psychiatry. In H. L. McQuistion, W. E. Sowers, J. M. Ranz, & J. M. Feldman (Eds.), *Handbook of community psychiatry* (pp. 369–378). New York: Springer.

Drake, R. E., Becker, D. R., Clark, R. E., & Meuser, K. T. (1999). Research on the individual placement and support model of supported employment. *Psychiatric Quarterly, 70,* 289–301.

Eddy, T. (1815). *Hints for introducing an improved mode of treating the insane in the asylum.* Speech before the governors of the New York Hospital, April 4, 1815. Governors of New York Hospital.

Ely, I. (1992). Closeness in clubhouse relationships. *Psychosocial Rehabilitation Journal*, 16(2), 62–66.
Etzioni, A. (1961). *A comparative analysis of complex organizations: On power, involvement, and their correlates*. New York: Free Press of Glencoe.
Finn, J. L., & Jacobson, M. (2008). Social justice. In T. Mizrahi & L. E. Davis, *Encyclopedia of Social Work*. (e-reference ed.). National Association of Social Workers and Oxford University Press.
Flannery, M., & Glickman, M. (1996). *Fountain House: Portraits of lives reclaimed from mental illness*. New York: Hazelden.
Freeman, T., Cameron, J. L., & McGhie, A. (1958). *Chronic schizophrenia*. New York: International University Press.
Fromm, E. (1956). *The art of loving*. New York: Harper.
Gardner, H. (1997). *Extraordinary minds: Portraits of exceptional individuals*. London: Weidenfeld & Nicolson.
Glascote, R. M., Cumming, E., Rutman, I. R., Sussex, J. N., & Glassman, S. M. (1971). *Rehabilitating the mentally ill in the community: A study of psychosocial rehabilitation centers*. Washington, DC: Joint Information Services of the American Psychiatric Association and the National Association for Mental Health.
Glazer, N. (1974). The schools of the minor professions. *Minerva*, 12(3), 346-364.
Glickman, M. (1992). What if nobody wants to make lunch?: Bottom line responsibility in the clubhouse. *Psychosocial Rehabilitation Journal*, 16(2), 55-59.
———. (2005). *The clubhouse journey to recovery*. Presentation at the 13th annual international conference on the clubhouse model, Helsinki, Finland.
Glynn, T. J. (1981). Psychological sense of community: Measurement and application. *Human Relations*, 34(9), 780-818.
Goertzel, V., Beard, J. H., & Pilnick, S. (1960). Fountain House Foundation: Case study of an ex-patient's club. *Journal of Social Issues*, 16(2), 54-61.
Grant, P. M., & Beck, A. T. (2010). Asocial beliefs as predictors of asocial behavior in schizophrenia. *Psychiatry Research*, 177(1), 65-70.
Greenblatt, M., York, R. H., & Brown, E. L. (1955). *From custodial to therapeutic patient care in mental hospitals: Explorations in social treatment*. New York: Russell Sage Foundation.
Grob, G. N. (1994). *The mad among us: A history of the care of America's mentally ill*. New York: Free Press.
Gusfield, J. R. (1975). *Community: A critical response*. New York: Harper & Row.
Hofstadter, R. (1944). *Social Darwinism in American thought, 1860-1915*. Philadelphia: University of Pennsylvania Press.
Hogan, M. F. (1994). *Recovery: The new force in mental health*. Ohio: Department of Mental Health.

Hogan, M. F., & Carling, P. J. (1992). Normal housing: A key element of a supported housing approach for people with psychiatric disabilities. *Community Mental Health Journal, 28*(3), 215–226.

Howe, M. J. A. (1990). *The origins of exceptional abilities.* Oxford: Blackwell.

Husock, H. (1992). Bringing back the settlement house. *Public Interest, 109*(Fall), 53–72.

International Center for Clubhouse Development. (2012). *2012 international clubhouse directory and resource guide.* New York: Author.

Isaac, R. J., & Armat, V. C. (1990). *Madness in the streets.* New York: Free Press.

Jackson, R. L. (2001). *The clubhouse model: Empowering applications of theory to generalist practice.* Belmont, CA: Wadsworth/Thompson Learning.

Jackson, R. L., Purnell, D., Anderson, S., & Sheafor, B. (1996). The clubhouse model for community support for adults with mental illness: An emerging opportunity for social work education. *Journal of Social Work Education, 32*(2), 172–180.

Jones, M. (1953). *The therapeutic community.* New York: Basic Books.

Jorgensen, I. S. (2004). Positive psychology: History, philosophical, and epistemological perspectives. In P. A. Linley & S. Joseph (Eds.), *Positive psychology in practice*, (pp. 15–34). Hoboken, NJ: John Wiley & Sons.

Kahn, E. (1985). Heinz, Kohut, and Carl Rogers: A timely comparison, *American Psychologist, 42*(8), 893–904.

Kauffman, C., & Scoular, A. (2004). Toward a positive psychology of executive coaching. In P. A. Linley & S. Joseph (Eds.), *Positive psychology in practice* (pp. 287–301). Hoboken, NJ: John Wiley & Sons.

Kaufman, R. (2002). What makes a great unit? *The Clubhouse Community Journal, 4,* 66–69. New York: International Center for Clubhouse Development.

Kemp, S. P., Whittaker, J. K., & Tracey, E. M. (1997). *Person-environment practice: The social ecology of interpersonal helping.* New York: Aldine de Gruyter.

Kirkpatrick, B., Fenton, W., Carpenter, W. T. J., & Marder, S. I. (2006). The NIMH-MATRICS consensus statement on negative symptoms. *Schizophrenia Bulletin, 32*(2), 214–219.

Kirst-Ashman, K. K. (2010). *Social work and social welfare: Critical thinking perspectives* (3rd ed.). Belmont, CA: Brooks/Cole, Cengage Learning.

Klein, E. (2006). In the community: Aftercare for seriously mentally ill persons from their own perspectives. In J. Rosenberg & S. Rosenberg (Eds.), *Community mental health: Challenges for the 21st century* (pp. 35–46). New York: Routledge.

Kondrat, M. E. (2008). Person-in-environment. In Terry Mizrahi & Larry E. Davis, *Encyclopedia of Social Work* (e-reference ed.). National Association of Social Workers and Oxford University Press.

Kristiansen, M. (2006). *Report on a project in two Fountain House clubhouses in Denmark: Project vocational method—It Makes Sense.* Copenhagen: Author.
Lamb, H. R. (1994). A century and a half of psychiatric rehabilitation in the United States. *Hospital and Community Psychiatry, 45*(10), 1015–1020.
Langer, E. (1989). *Mindfulness.* Reading, MA: Addison-Wesley.
Lanoil, J. (1976). Advocacy and social systems network: Continuity of care for the adult schizophrenic. *Psychosocial Rehabilitation Journal, 1,* 1–6.
Lehman, A. F., Kreyenbuhl, J., Buchanan, R. W., Dickerson, F. B., Dixon, L. B., Goldberg, R., Green-Paden, L. D., Tenhula, W. N., Boerescu, D., Tek, C., Sandson, N., & Steinwachs, D. M. (2004). The schizophrenia patient outcomes research team (PORT). *Schizophrenia Bulletin, 30*(2), 193–217.
Lewin, K. (1946). Action research and minority problems. *Journal of Social Issues, 2*(4), 34–46.
Lewin, R. (1992). *Complexity—Life at the edge of chaos.* New York: Macmillan.
Locke, B., Garrison, R., & Winship, J. (1998). *Generalist social work practice: Context, story, and partnership.* Stamford, CT: Cenage Learning, Inc.
Madison, E., & Maltz, B. (2012). *Community to classroom: Examination of the Fountain House supported education program.* Unpublished manuscript. New York: Fountain House.
Mancini, M. A. (2006). Consumer-providers' theories about recovery from serious psychiatric disabilities. In J. Rosenberg & S. Rosenberg (Eds.), *Community mental health: Challenges for the 21st century* (pp. 15–24). New York: Routledge.
Mancini, M. A., Hardiman, E. R., & Lawson, H. A. (2005). Making sense of it all: Consumer providers' theories about factors facilitating and impeding recovery from psychiatric disabilities. *Psychiatric Rehabilitation Journal, 29*(1), 48–55.
Manderscheid, R. W., & Henderson, M. J. (Eds.). (2001). *Mental Health, United States, 2000.* DHHS pub. no. SMA 01-3537. Rockville, MD: Center for Mental Health Services.
Mandiberg, J. M. (2000). *Strategic technology transfer in the human services: A case study of the mental health clubhouse movement and the international diffusion of the clubhouse model.* Diss., University of Michigan.
———. (2010). Another way: Enclave communities for people with mental Illness. *American Journal of Orthopsychiatry, 80*(2), 167–173.
———. (2012). The failure of social inclusion: An alternative approach through community development, *Psychiatric Services, 63*(5), 458–460.
Manoogian, S. T., & Resnick, J. S. (1976). The undermining and enhancing of intrinsic motivation. *Journal of Personality and Social Psychology, 34*(5), 915–922.

March, D., Hatch, S. L., Morgan, C., Kirkbride, J. B., Bresnahan, M., Fearon, P., & Susser, E. (2008). Psychosis and place. *Epidemiologic Reviews, 30*, 84–100.

Marwaha, S., & Johnson, S. (2004). Schizophrenia and employment: A review. *Social Psychiatry Psychiatric Epidemiology, 39*(5), 337–349.

Maslow, A. H. (1954). *Motivation and personality*. New York: Harper & Row.

McCormick, E. (December, 1957). Let's help them live again. *Readers Digest*.

McKay, C. E., Yates, B. T., & Johnsen, M. (2007). Costs of clubhouses: An international perspective. *Mental Health Services Research and Administration and Policy in Mental Health, 34*(1), 62–72.

McMillan, D. W., & Chavis, D. M. (1986). Sense of community: A definition and theory. *Journal of Community Psychology, 14*(1), 6–23.

Mechanic, D., Blider, S., & McAlpine, D. D. (2002). Employing persons with serious mental illness. *Health Affairs, 21*(5), 242–253.

Milazzo-Sayre, L. J., Henderson, M. J., Manderscheid, R. W., Bokossa, M. C., Evans, C. & Male, A. A. (2000). Persons treated in specialty mental health care programs, United States, 1997. In R. W. Manderscheid & M. J. Henderson (Eds.), *Mental health, United States, 2000*. Substance Abuse and Mental Health Services Administration, Department of Health and Human Services pub. no. SMA 01-3537. Rockville, MD: Center for Mental Health Services.

Mowbray, C., Chamberlain, P., Jennings, M., & Reed, C. (1988). Consumer-run mental health services: Results from five demonstration projects. *Community Mental Health Journal, 24*(2), 151–156.

National Association of Social Workers. (2008). *Code of Ethics* (rev. 8th ed.). Washington, DC: Author.

National Institute of Mental Health. (2008). *The number count: Mental disorders in America*. Retrieved from http://www.nimh.nih.gov/index.shtml.

Nicholls, Pauline. (2003). *Stories of hope* (video). New York: International Center for Clubhouse Development.

Norman, C. (2006). The Fountain House movement, an alternative rehabilitation model for people with mental health problems: Members' descriptions of what works. *Scandinavian Journal of Caring Sciences, 20*(2), 184–192.

Orlinsky, D. E., Grawe, K., & Parks, B. K. (1994). Process and outcome in psychotherapy: Noch einmal. In A. E. Bergin & S. L. Garfield (Eds.), *Handbook of psychotherapy and behavior change* (4th ed.) (pp. 270–376). Oxford: John Wiley & Sons.

Parks, J., Svendsen, D., Singer, P., & Foti, M. E. (2006). *Morbidity and mortality in people with serious mental illness*. Alexandria, VA: National Association of State Mental Health Program Directors (NASMHPD) Medical Directors Council.

Peckoff, J. (1992). Patienthood to personhood. *Psychosocial Rehabilitation Journal, 16* (2), 5–8.

Pernice-Duca, F., & Onaga, E. (2009). Examining the contribution of social network support to the recovery process among clubhouse members. *American Journal of Psychiatric Rehabilitation*, 12(1), 1–30.

Pinel, P. (1806). *A treatise on insanity*. Memphis: General Books.

Pistrang, N., Barker, C., & Humphreys, K. (2008). Mutual help groups for mental health problems: A review of effectiveness studies. *American Journal of Community Psychology*, 42, 110–121.

President's New Freedom Commission on Mental Health. (2002). *Interim report*. http://govinfo.library.unt.edu/mentalhealthcommission/reports/Final_Interim_Report.doc.

———. (2003). *Achieving the promise: Transforming mental health care in America*. DHHS Publication No. SMA-03-3832. Rockville, MD.

Propst, R. (1967). *Transcription from outtakes of film on Fountain House*. New York: Fountain House.

———. (1992). Standards for clubhouse programs: How and why they were developed. *Psychosocial Rehabilitation Journal*, 16(2), 25–30.

———. (1997). Stages in realizing the international diffusion of a single way of working: The clubhouse model. *New Directions for Mental Health Services*, 74, 53–66. doi: 10.1002/yd.2330227407.

Pulice, R. T., & Muccio, S. (2006). Patient, client, consumer, survivor: The mental health consumer movement in the United States. In J. Rosenberg & S. Rosenberg (Eds.), *Community mental health: Challenges for the 21st century* (pp. 7–14). New York: Rutledge.

Putnam, R. D. (2000). *Bowling alone: The collapse and revival of American community*. New York: Simon & Schuster.

Rapp, C. A., & Goscha, R. J. (2006). *The strengths model: Case management with people with psychiatric disabilities* (2nd ed.). New York: Oxford University Press.

Relph, Edward. (1976). *Place and placelessness*. London: Pion.

Reznik, L. (1987). *The nature of disease*. London: Routledge & Kegan Paul,

Rioch, D. McK., & Stanton, A. H. (1953). Milieu therapy. *Journal for the Study of Interpersonal Processes*, 16, 65–72.

Robbins, S. S. (1954). Social rehabilitation at Fountain House. *Journal of Rehabilitation*, 20 (3), 8–10, 13.

Roberts, L. J., Salem, D., Rappaport, J., Toro, P. A., Luke, D. A., & Seidman, E. (1999). Giving and receiving help: Interpersonal transactions in mutual-help meetings and psychosocial adjustment of members. *American Journal of Community Psychology*, 27(6), 841–868.

Rogers, C. R. (1961). *On becoming a person: A therapist's view of the good life*. Boston: Houghton Mifflin.

Rose, S. M. (1992). *Case management and social work practice*. White Plains, NY: Longman.

Rosenberg, J., & Rosenberg, S. (Eds.). (2006). *Community mental health: Challenges for the 21st century*. New York: Routledge.

Ryden, K. C. (1993). *Mapping the invisible landscape: Folklore, writing, and sense of place.* Iowa City: University of Iowa Press.

Sacks, O. (2009). The lost virtues of the asylum. *New York Review of Books, 56* (14).

Saleebey, D. (1992). *The strengths perspective in social work practice* (5th ed.). Boston: Pearson/Allyn & Bacon.

——. (1996). The strengths perspective in social work practice: Extensions and cautions. *Social Work, 41*(3), 296–305.

Saraceno, B. (2006). *Building awareness-reducing risks: Suicide and mental illness.* WHO Media Centre news release, http://www.who.int/mediacentre/news/releases/2006/pr53/en/index.html.

Sarason, S. B. (1974). *The psychological sense of community: Prospects for a community psychology.* San Francisco: Jossey-Bass.

Schein, E. H. (1985). *Organizational culture and leadership.* San Francisco: Jossey-Bass.

Schön, D. A. (1983). *The reflective practitioner: How professionals think in action.* New York: Basic Books.

Schonebaum, A., Boyd, J., & Dudek, K. (2006). A comparison of competitive employment outcomes for the clubhouse and PACT models. *Psychiatric Services, 57*(10), 1416–1420.

Seligman, M. E .P. (2003). Positive psychology: Fundamental assumptions. *The Psychologist, 16*(3), 126–127.

Seligman, M. E. P., & Csikszentmihalyi, M. (2000). Positive psychology: An introduction. *American Psychologist, 55*(1), 5–14.

Sheafor, B. W., & Horejsi, C. R. (2006). *Techniques and guidelines for social work practice* (7th ed.). Boston: Pearson/Allyn & Bacon.

Silverstein, S. M., & Wilkniss, S. M. (2004). At Issue: The future of cognitive rehabilitation of schizophrenia. *Schizophrenia Bulletin, 30*(4), 679–692.

Simon, B. L. (1994). *The empowerment tradition in American social work: A history.* New York: Columbia University Press.

Solomon, P. (2004). Peer support/peer provided services underlying processes, benefits, and critical ingredients. *Psychiatric Rehabilitation Journal, 34*(4), 392–401.

Sowbel, L. R., & Starnes, W. (2006). Pursuing hope and recovery: An integrated approach to psychiatric rehabilitation. In J. Rosenberg & S. Rosenberg (Eds.), *Community mental health: Challenges for the 21st century* (pp. 25–34). New York: Routledge.

Stanton, A., & Schwartz, M. (1954). *The mental hospital.* New York: Basic Books.

Stein, L. I., & Santos, A. B. (1998). *Assertive community treatment of persons with severe mental illness.* New York: W. W. Norton.

Stein, L. I., & Test, M. A. (Eds.). (1985). *The training in community living model: A decade of experience: No. 26. New directions for mental health services.* San Francisco: Jossey-Bass.

Stringer, E. T. (1999). *Action research*. Thousand Oaks, CA: Sage.
Subcommittee of the President's New Freedom Commission on Mental Health: Employment and Income Support. (February 5, 2003). *Summary report*. Washington, DC: Author.
Sullivan, H. S. (1931). Socio-psychiatric research: Its implications for the schizophrenia problem and for mental hygiene. *American Journal of Psychiatry, 10*, 977.
Susskind, L., & Cruikshank, J. (2006). *Breaking Robert's Rules: The new way to run your meeting, build consensus, and get results*. New York: Oxford University Press.
Toseland, R.W., & Rivas, R. F. (2011). *An introduction to group work practice* (7th ed.). Upper Saddle River, NJ: Pearson.
Toseland, R., & Siporin, M. (1986). When to recommend group treatment: A review of the clinical and research literature. *International Journal of Group Psychotherapy, 36*(2), 171–201.
Trout, D. L. (1980). The role of social isolation in suicide. *Suicide and Life-Threatening Behavior, 10*(1), 10–23.
Tsemberis, S. (2004a, April). Housing First, consumer choice, and harm reduction for homeless individuals with a dual diagnosis. *American Journal of Public Health, 94*(4), 651–656.
———. (2004b). "Housing first" approach. In *Encyclopedia of Homelessness*, vol. 1, 277–280. Thousand Oaks, CA: Sage.
Tsemberis, S., & Eisenberg, R. R. (2000). Pathways to housing: Supported housing for street-dwelling homeless individuals with psychiatric disabilities. *Psychiatric Service, 51*(4), 487–493.
Tuke, S., & Society of Friends. (1813). *Description of the Retreat, an institution near York for insane persons of the Society of Friends*. Reprinted by Process Press, 1996.
U.S. General Accounting Office. (1977). *Returning the mentally disabled to the community: Government needs to do more*. (HRD-76-152). Washington, DC: Author.
Velligan, D. I., & Alphs, L. D. (2008). Negative symptoms in schizophrenia: The importance of identification and treatment. *Psychiatric Times, 25*(3), 1–6.
Verhaeghe, M., Bracke, P., & Bruynooghe, K. (2008). Stigmatization and self-esteem of persons in recovery from mental illness: The role of peer support. *International Journal of Social Psychiatry, 54*(3), 206–218.
Vorspan, R. (2000). Clubhouse relationships need work! *Clubhouse Community Journal, 2*, 33–36. New York: International Center for Clubhouse Development.
———. (2004). Member role/staff role: Another look. *Clubhouse Community Journal, 5*, 25–29. New York: International Center for Clubhouse Development.
Vygotsky, L. S. (1978). *Mind in society*. Cambridge, MA: Harvard University Press.

Waegemakers Schiff, J., Colman, H., & Miner, D. (2008). Voluntary participation in rehabilitation: Lessons learned from a clubhouse environment. *Canadian Journal of Community Mental Health, 27*(1), 65–78.

Waters, B. (1992). The work unit: The heart of the clubhouse. *Psychosocial Rehabilitation Journal, 16*(2), 41–48.

Wender, L. (1936). The dynamics of group psychotherapy and its application. *Journal of Nervous and Mental Disorders, 84,* 54–60.

Whitaker, D. (1975). Some conditions for effective work with groups. *British Journal of Social Work, 5,* 423–439.

Whitley, R., & Drake, R. E. (2010). Recovery: A dimensional approach. *Psychiatric Services, 61*(12), 1248–1250.

Whitley, R., Harris, M., Fallot, R. D., & Berley, R. W. (2007). The active ingredients of intentional recovery communities: Focus group evaluation. *Journal of Mental Health, 17*(2), 173–182.

Whitley, R., Strickler, D., & Drake, R. E. (2011). Recovery centers for people with severe mental illness: A survey of programs. *Community Mental Health Journal.* DOI: 10.1007/s10597-011-9427-4.

Whiteley, S. (2004). The evolution of the therapeutic community. *Psychiatric Quarterly, 75*(3), 233–248.

Wills, T. A. (1991). Social support and interpersonal relationships. In M. S. Clarke (Ed.), *Prosocial behavior* (pp. 265–289). Newbury Park, CA: Sage.

Wolf, J. M. (1958). *Report on certain aspects of an extended program.* Report to the Board of Directors. New York: Fountain House Foundation.

Wolfensberger, W. (1972). *Principle of normalization in human services.* Toronto: Canadian Association for the Mentally Retarded.

Wolfensberger, W., & Tillman, S. (1982). A brief outline of the principle of normalization. *Rehabilitation Psychology, 27*(3), 131–145.

■ 國家圖書館出版品預行編目（CIP）資料

活泉之家：在心理健康實踐中創造社群 / Alan Doyle, Julius Lanoil, Kenneth J. Dudek著；葉湧恩, 胡慶儒, 李小薰, 吳希君, 余尚彥, 林彥良, 林祥宇, 洪山力, 袁朝樑, 楊秉儒, 劉俊緯譯. -- 初版. --臺北市：財團法人伊甸社會福利基金會, 巨流圖書股份有限公司, 2024. 12
　　面；　公分
譯自：Fountain house: creating community in mental health practice.
　ISBN 978-957-8819-48-1（平裝）

1.CST: 身心障礙福利 2.CST: 身心障礙者 3.CST: 精神疾病 4.CST: 美國

548.1952　　　　　　　　　　　　　113017727

活泉之家：在心理健康實踐中創造社群
FOUNTAIN HOUSE: Creating Community in Mental Health Practice

初版一刷・2024年12月

作者	Alan Doyle, Julius Lanoil, and Kenneth J. Dudek
譯者	葉湧恩、胡慶儒、李小薰、吳希君、余尚彥、林彥良、林祥宇、洪山力、袁朝樑、楊秉儒、劉俊緯
審閱	楊志賢
校譯	郝天行
封面設計	黃士豪
策畫	財團法人伊甸社會福利基金會附設臺北市私立活泉之家及臺北市真福之家
執行編輯	呂又慧、陳秋慧、梁瓊宜、楊秉儒、廖福源、劉俊緯
出版者	財團法人伊甸社會福利基金會
合作出版者	巨流圖書股份有限公司
地址	100003 臺北市中正區重慶南路一段57號10樓之12
電話	02-2922-2396
傳真	02-2922-0464
e-mail	chuliu@liwen.com.tw
網址	http://www.chuliu.com.tw

ISBN 978-957-8819-48-1（平裝）

財團法人 EDEN SOCIAL WELFARE FOUNDATION
伊甸社會福利基金會　　巨流圖書公司

定價：450元

●版權所有・請勿翻印　　　　　●本書如有破損、缺頁或倒裝，請寄回更換。